Liderazgo, organización del trabajo en equipo y solución de problemas

avanza editorial

Editado por:
EDITORIAL FAE, S.L.U.
Correo electrónico: editorial@editorialfae.com

Liderazgo, organización del trabajo en equipo y solución de problemas
Elsa Rubio Duce

1ª Edición

Se ha puesto el máximo empeño en ofrecer a la persona lectora una información completa y precisa. Sin embargo, Editorial FAE, S.L.U., no asume ninguna responsabilidad derivada de su uso ni tampoco de cualquier violación de patentes ni otros derechos de terceras partes que pudieran ocurrir. Esta publicación tiene por objeto proporcionar unos conocimientos precisos y acreditados sobre el tema tratado. Su venta no supone para el editor ninguna forma de asistencia legal, administrativa o de ningún otro tipo.

ISBN: 978-84-1135-406-6

Impreso en España

Índice

RESUMEN

GLOSARIO

EJERCICIOS DE AUTOEVALUACIÓN

Módulo 3. Solución de problemas

Introducción

Objetivos

1. Identificación de problemas y buscar soluciones

    1.1. Resolución de problemas

2. Análisis de las causas que ocasionan problemas

3. Definición de la situación, objetivos, desarrollo de hipótesis, descripción de hechos, determinar líneas de actuación, evaluación de alternativas, decidir e implantar, control de la implantación

4. Toma de solución

RESUMEN

GLOSARIO

EJERCICIOS DE AUTOEVALUACIÓN

Módulo 4. Plan de trabajo

Introducción

Objetivos

1. Planificación del trabajo

    1.1. Definir la situación

    1.2. Especificar los objetivos

    1.3. Desarrollar hipótesis

2. Descripción de los hechos y analizarlos

    2.1. Tener en cuenta las distintas líneas de actuación posibles

    2.2. Evaluar dichas alternativas

    2.3. Decidir e implantar

    2.4. Controlar la implantación

Aplicaciones prácticas

Ejercicio de evaluación final

Solucionario

Bibliografía

Índice

Módulo 1. Liderazgo

Introducción

El liderazgo constituye una de las competencias esenciales en cualquier contexto organizacional. Más allá de dirigir equipos, implica la capacidad de influir, motivar y orientar a las personas hacia objetivos comunes, generando confianza y compromiso. En entornos laborales cada vez más dinámicos y exigentes, resulta indispensable comprender qué significa liderar y cómo esta función repercute en la organización del trabajo, en la cohesión del equipo y en la calidad de los resultados.

Este primer módulo ofrece una aproximación integral al liderazgo, abordando tanto sus fundamentos conceptuales como su dimensión práctica. A través del análisis de la conducta propia, la toma de decisiones basada en el buen juicio y la elaboración de propuestas, se persigue que el alumnado adquiera una visión clara de qué supone liderar proyectos y equipos en diferentes contextos.

Objetivos

- Comprender el concepto de liderazgo y su papel como instrumento fundamental en la gestión de equipos y proyectos.
- Analizar la propia conducta y estilo personal de liderazgo, identificando fortalezas y áreas de mejora.
- Valorar la importancia del buen juicio en la toma de decisiones, aplicándolo a situaciones reales de trabajo.
- Reconocer las características de un liderazgo eficaz, diferenciando entre modelos y enfoques aplicables en función del contexto.
- Elaborar propuestas y planteamientos prácticos que favorezcan la organización, motivación y dirección de equipos de trabajo.

1. Identificación de los conceptos generales sobre liderazgo como instrumento de trabajo para poder liderar proyectos y equipos

El **liderazgo** se entiende aquí como un **instrumento operativo** para hacer que las cosas sucedan: alinea objetivos, personas y procesos para entregar resultados sostenibles. No se aborda aún su definición teórica ni el análisis de estilos personales; se identifican, en cambio, los **componentes prácticos** que hacen del liderazgo una palanca efectiva en proyectos y equipos.

El liderazgo, aplicado al día a día, cumple tres propósitos centrales:
- **Alinear**: convertir la estrategia en metas entendibles, priorizadas y compartidas.
- **Coordinar**: orquestar roles, flujos de trabajo y dependencias entre áreas.
- **Catalizar**: activar motivación, aprendizaje y mejora continua para acelerar la entrega de valor.

Fig. 1. El liderazgo eficaz no se limita a "decidir"; construye condiciones (marcos, acuerdos, métricas, rituales) para que el equipo pueda decidir y ejecutar con autonomía responsable

En la práctica, el liderazgo opera simultáneamente en **tres dimensiones** que se refuerzan entre sí:
- **Personas**: clima, **seguridad psicológica**, roles, reconocimiento, desarrollo.
- **Procesos**: rutinas, estándares, tableros de seguimiento, criterios de calidad.
- **Resultados**: objetivos, hitos, métricas, gestión de riesgos y aprendizaje post-entrega.

A continuación, se presentan **ejemplos de decisiones instrumentales** en cada dimensión que un liderazgo operativo utiliza para que el equipo avance:

- **Personas**: acordar normas de colaboración, ciclos de *feedback* y espacios 1:1.
- **Procesos**: establecer un tablero visible de trabajo, límites de WIP y criterios de finalización.
- **Resultados**: definir objetivos trimestrales, indicadores y cadencia de revisión.

A. Funciones instrumentales del liderazgo en proyectos y equipos

Para transformar intenciones en resultados, el liderazgo activa un **conjunto de funciones**. Se describen a continuación con un enfoque práctico:

1. **Alineamiento de propósito y prioridades**: traducir estrategia en **metas medibles** y orden de trabajo.
2. **Arquitectura de comunicación**: diseñar **rituales** (reuniones breves, revisiones, 1:1) y canales para que la información fluya.
3. **Gestión de riesgos e incertidumbre**: identificar supuestos críticos, definir planes de contingencia y **criterios de decisión**.
4. **Facilitación y eliminación de bloqueos**: intervenir sobre dependencias, conflictos y cuellos de botella del flujo.
5. **Coordinación interfuncional**: alinear a *stakeholders* internos/externos, clarificar expectativas y puntos de control.
6. **Motivación y reconocimiento**: reforzar conductas que sostienen resultados (calidad, colaboración, mejora).
7. **Desarrollo de capacidades**: detectar brechas de habilidades y organizar aprendizajes *just-in-time*.
8. **Gobernanza ligera**: acordar reglas claras (por ejemplo, RACI y criterios de "hecho") sin generar burocracia.
9. **Gestión de conflictos**: encuadrar desacuerdos en datos y objetivos, buscar opciones integradoras y acuerdos verificables.
10. **Aprendizaje y mejora**: institucionalizar **retrospectivas** y lecciones aprendidas orientadas a acción.

Ejemplo

En un proyecto interdepartamental, el liderazgo establece:

- Un tablero común con tareas y propietarios.
- Una revisión semanal de riesgos.
- Acuerdos de respuesta en 24h a dependencias.
- Un demo mensual con usuarios para validar valor entregado.

Resultado: menos retrabajo, decisiones más rápidas y visibilidad compartida.

B. Liderazgo a lo largo del ciclo de vida del proyecto

La contribución del liderazgo varía según la fase. La siguiente tabla organiza **qué activar, con qué prácticas y qué evidencia observar**. Conviene recordar que su finalidad es **operativa**: ofrecer una guía de activación rápida que pueda comprobarse en el trabajo real.

Fase	Objetivo de liderazgo	Prácticas instrumentales	Evidencias observables
Inicio.	Alinear propósito y alcance.	Caso de negocio resumido, mapa de *stakeholders*, criterios de éxito.	Objetivos claros, riesgos iniciales explicitados.
Planificación.	Convertir objetivos en plan viable.	Desglose en entregables, RACI, hitos, métricas.	Plan compartido, responsables definidos, métricas acordadas.
Ejecución.	Sostener flujo y calidad.	*Dailies* breves, gestión de dependencias, control visual, límites WIP.	Menos bloqueos, ritmo estable, incidencias resueltas a tiempo.
Cierre	Asegurar valor y aprendizaje	Validación de aceptación, retro final, registro de lecciones	Entrega aceptada, mejoras priorizadas para el siguiente ciclo

C. Roles, autoridad y acuerdos de equipo

El liderazgo funcional clarifica **quién decide qué** y **cómo se participa** en cada decisión.

Fig. 2. Resulta útil acordar, en el propio equipo, mapas de responsabilidad y normas de colaboración

A continuación, se enumeran acuerdos de equipo típicos que reducen la fricción operativa:

- **RACI** para decisiones clave (por ejemplo, priorización, aceptación de entregables).
- **Criterios de "hecho"** (qué significa que una tarea o entregable está realmente completo).
- **Rituales y tiempos**: duración máxima de reuniones, ventanas de concentración sin interrupciones.
- **Canales y tiempos de respuesta** según el tipo de asunto (urgente, operativo, informativo).
- **Política de cambios**: cómo se solicita, evalúa y aprueba un cambio en alcance o prioridades.

 **Vocabulario**

Seguridad psicológica: Clima en el que el equipo percibe que es seguro asumir riesgos interpersonales (preguntar, proponer, reconocer errores) sin temor a represalias o ridículo. Es un habilitador directo de la innovación y del aprendizaje en proyectos.

D. Artefactos y rituales que materializan el liderazgo

El liderazgo se hace visible mediante **artefactos** y **rituales** simples y estables:

- **Artefactos**: tablero de trabajo visible, hoja de ruta, registro de decisiones, matriz de riesgos, RACI, actas ligeras con acuerdos y responsables.
- **Rituales**: reunión diaria breve enfocada a bloqueos, revisión semanal de métricas y riesgos, **1:1** quincenal para seguimiento de compromisos, demostración mensual a usuarios.

 **Saber más**

Herramientas como RACI (responsabilidades), OKR (objetivos y resultados clave), PDCA (mejora continua) o tableros Kanban ayudan a hacer operables las funciones de liderazgo sin imponer burocracia.

E. Indicadores para verificar que el liderazgo funciona

Antes de listar indicadores, se distingue entre **indicadores adelantados** (predicen) y **rezagados** (confirman a posteriori). Un liderazgo instrumental prioriza los **adelantados**, porque permiten **corregir a tiempo**.

- **Adelantados**: cumplimiento de cadencias, tiempo de resolución de bloqueos, participación en rituales, tasa de decisiones documentadas, rotación WIP, satisfacción de equipo (pulso breve).
- **Rezagados**: hitos cumplidos, defectos por entrega, retrabajo, satisfacción de cliente/usuario, ROI del proyecto.

F. Riesgos habituales y cómo evitarlos

Se describen a continuación **antipatrones** frecuentes que erosionan el liderazgo operativo:

- **Microgestión**: sustituye la autonomía por control excesivo y ralentiza el flujo.

- **Reuniones sin propósito**: tiempo invertido sin decisiones ni acuerdos verificables.
- **Decisiones opacas**: falta de criterios y trazabilidad; se multiplica el conflicto.
- **Burocracia improductiva**: exceso de plantillas y comités sin impacto en la entrega.
- **Reactividad crónica**: actuar solo ante urgencias; se pierde la mejora sistemática.

Un equipo con cinco reuniones semanales de una hora sin agenda ni decisiones registradas reporta retrasos continuos. Al instaurar agendas con preguntas de decisión, tiempos límite y registro de acuerdos con responsables y fecha, reduce un 40% el retrabajo en dos ciclos.

G. Aplicación en contextos típicos

Aunque los principios son comunes, el **énfasis** del liderazgo varía según el contexto:
- **Innovación**: explorar, experimentar y acotar riesgos; ciclos cortos de validación.
- **Operaciones estables**: estandarizar, controlar variabilidad y mejorar eficiencia.
- **Equipos remotos/híbridos**: sobre-comunicar contexto, **documentar decisiones** y cuidar pertenencia.

H. Lista de verificación operativa (enfoque de equipo)

Esta lista no es un análisis personal, sino un **chequeo del sistema de trabajo** del equipo:
1. ¿Existen **objetivos compartidos y medibles** para el periodo actual?
2. ¿Hay un **tablero visible** con responsables y estados actualizados?
3. ¿Se revisan **riesgos y dependencias** con una cadencia fija?

4. ¿Se registran **decisiones clave** con criterios y fecha?

5. ¿Están acordados los **criterios de "hecho"** para entregables?

6. ¿Las reuniones terminan con **acuerdos** (quién, qué, cuándo)?

7. ¿Se realiza una **retro** orientada a acciones concretas?

8. ¿Se mide la **tasa de bloqueos** y su tiempo de resolución?

9. ¿Se mantiene un **ritmo sostenible** (límites WIP, descansos, foco)?

10. ¿Usuarios/cliente participan en **demos** o validaciones periódicas?

Fig. 3. Identificar todos los conceptos operativos permite entender el liderazgo como una caja de herramientas que convierte estrategia en acción coordinada

1.1. Concepto de liderazgo

El **liderazgo** puede entenderse como la capacidad de **influir en otras personas** para que, de manera voluntaria y comprometida, orienten sus esfuerzos hacia un objetivo compartido. No se trata únicamente de ocupar una posición jerárquica o tener autoridad formal, sino de generar confianza, cohesión y motivación en el grupo.

Un líder no es simplemente quien "manda", sino quien **crea las condiciones** para que un equipo funcione, conectando la visión global con las tareas diarias y ayudando a que cada persona se sienta parte de algo significativo.

A. Diferencia entre liderazgo y dirección

Aunque a menudo se confunden, **liderazgo** y **dirección** no son sinónimos. Para comprender mejor la diferencia, resulta útil comparar sus principales características:

Dirección	Liderazgo
Se centra en planificar, organizar y controlar recursos.	Se centra en inspirar, motivar e influir en las personas.
Se basa en autoridad formal.	Se basa en confianza y legitimidad reconocida por el grupo.
Pone énfasis en los procesos y la estructura.	Pone énfasis en las relaciones y la visión compartida.
Su objetivo es la eficiencia.	Su objetivo es el compromiso y la transformación.

 Anotación

Una organización puede funcionar con buenos directores, pero solo se transforma y avanza con buenos líderes. La dirección ordena; el liderazgo moviliza.

B. Elementos esenciales del liderazgo

El liderazgo se sostiene en varios componentes básicos que lo hacen efectivo:

1. **Visión**: capacidad de proyectar un rumbo claro y comunicarlo con fuerza.
2. **Influencia**: habilidad para inspirar confianza y orientar comportamientos.
3. **Comunicación**: transmitir mensajes de forma clara, empática y motivadora.
4. **Confianza**: generar credibilidad y respeto a través de la coherencia.
5. **Motivación**: despertar interés y compromiso en los demás.
6. **Toma de decisiones**: elegir con buen juicio y asumiendo responsabilidades.

C. Enfoques y estilos de liderazgo

A lo largo de la historia se han propuesto diferentes **modelos de liderazgo**. No todos los estilos son igualmente efectivos en cualquier contexto; su utilidad depende de la situación y de las características del equipo.

Entre los más habituales se encuentran:

- **Liderazgo autoritario**: se basa en el control y la imposición. Puede ser eficaz en situaciones de urgencia, pero suele reducir la motivación a largo plazo.
- **Liderazgo democrático o participativo**: promueve la toma de decisiones conjunta, fomenta el compromiso y la creatividad.
- **Liderazgo transformacional**: inspira y motiva con una visión de futuro, buscando el desarrollo personal de cada miembro.
- **Liderazgo situacional**: adapta el estilo a la madurez y competencia del equipo, combinando flexibilidad y orientación.

Ejemplo

En un hospital, durante una emergencia, un médico jefe puede ejercer un liderazgo autoritario para tomar decisiones rápidas. Sin embargo, al diseñar mejoras en la organización del servicio, será más efectivo un liderazgo participativo o transformacional, que dé voz a enfermeras, auxiliares y otros profesionales.

D. Liderazgo formal e informal

No siempre el liderazgo coincide con la jerarquía. En muchos equipos existen líderes **informales**, personas que, sin un cargo oficial, influyen positivamente en sus compañeros gracias a su experiencia, carisma o disposición a ayudar.

- **Liderazgo formal**: ligado a una posición designada (jefe de proyecto, responsable de área).
- **Liderazgo informal**: surge de manera natural en el grupo; no depende de un nombramiento, sino del reconocimiento espontáneo de los demás.

Fig. 4. Ambos tipos de liderazgo son necesarios y, bien gestionados, pueden complementarse.

E. Impacto del liderazgo en proyectos y equipos

Un liderazgo eficaz tiene efectos directos sobre:

- **Clima laboral**: genera confianza, cooperación y seguridad psicológica.
- **Productividad**: alinea esfuerzos, evita duplicidades y mejora la organización.
- **Innovación**: fomenta la creatividad y la apertura a nuevas ideas.
- **Compromiso**: refuerza la motivación, reduce la rotación y mejora el rendimiento.

 **Saber más**

Estudios de Google en su proyecto Aristóteles demostraron que la seguridad psicológica y la confianza en el líder son factores determinantes en el rendimiento de los equipos de alto nivel.

El concepto de liderazgo va mucho más allá de la autoridad formal: implica **influir, motivar y guiar** a un grupo hacia objetivos comunes, generando un entorno donde las personas puedan aportar lo mejor de sí mismas. Entender esta base conceptual es el primer paso para profundizar en el **análisis de la conducta propia** y en el **buen juicio**, que se abordarán en los siguientes apartados.

1.2. Análisis de la conducta propia

El liderazgo no empieza en la relación con los demás, sino en el **autoconocimiento**. Para liderar proyectos y equipos de manera eficaz, es necesario analizar primero cómo se actúa, qué estilo se adopta y cómo las propias conductas influyen en el grupo.

Fig. 5. La reflexión personal permite identificar fortalezas, detectar áreas de mejora y evitar comportamientos que perjudiquen la cohesión y los resultados

A. La importancia del autoconocimiento

Conocer la propia conducta es el punto de partida para ejercer un liderazgo auténtico y coherente. Un líder que ignora sus reacciones o que no percibe cómo impactan sus decisiones genera confusión y desconfianza.

El **autoconocimiento** implica responder a preguntas como:
- ¿Cómo reacciono bajo presión?
- ¿Qué tipo de comunicación utilizo con mayor frecuencia?
- ¿Suelo escuchar de manera activa o interrumpo?
- ¿Busco consenso o tiendo a imponer mi punto de vista?
- ¿Cómo gestiono el reconocimiento y la crítica hacia los demás?

Anotación

Un buen líder no es aquel que nunca se equivoca, sino quien reconoce sus limitaciones y trabaja sobre ellas. La transparencia en este proceso fortalece la credibilidad.

B. Conductas que favorecen el liderazgo

Ciertos comportamientos son considerados **habilitadores** del liderazgo, ya que generan confianza y facilitan la cooperación. No se trata de rasgos innatos, sino de **hábitos cultivables**:

- **Escucha activa**: prestar atención, preguntar y validar lo que los demás expresan.
- **Coherencia**: mantener alineados los valores, las palabras y las acciones.
- **Asertividad**: comunicar con claridad, sin agresividad ni pasividad.
- **Empatía**: comprender y valorar la perspectiva de otras personas.
- **Capacidad de delegar**: confiar en el equipo y distribuir responsabilidades.
- **Gestión emocional**: mantener la calma y transmitir serenidad en situaciones difíciles.

C. Conductas que dificultan el liderazgo

Del mismo modo, existen conductas que **erosionan la influencia positiva** de un líder. Reconocerlas en uno mismo es el primer paso para corregirlas.

Algunas de las más comunes son:

- **Autoritarismo**: imponer decisiones sin explicar razones ni escuchar aportaciones.
- **Incoherencia**: decir una cosa y hacer otra, perdiendo credibilidad.
- **Falta de reconocimiento**: ignorar los logros y esfuerzos del equipo.
- **Comunicación deficiente**: dar instrucciones vagas, ambiguas o contradictorias.

- **Evasión de responsabilidades**: culpar al equipo por los errores sin asumir el propio papel.

En una empresa tecnológica, un jefe de proyecto evitaba dar *feedback* positivo porque pensaba que "el sueldo ya era suficiente motivación". Con el tiempo, el equipo empezó a desmotivarse y a reducir la calidad del trabajo. Al incorporar el hábito de reconocer avances en reuniones semanales, el clima mejoró significativamente.

D. Herramientas para el análisis de la propia conducta

Existen diferentes métodos que ayudan a objetivar el análisis personal. Algunos de los más utilizados en entornos profesionales son:

- **Feedback 360º**: recoger opiniones de superiores, compañeros y subordinados para obtener una visión completa del propio comportamiento.
- **Diario de reflexiones**: registrar reacciones, decisiones y aprendizajes tras cada situación significativa.
- **Cuestionarios de autodiagnóstico**: instrumentos que evalúan estilos de comunicación, motivación o liderazgo (por ejemplo, el *test* DISC o MBTI).
- **Sesiones de coaching**: acompañamiento externo para explorar conductas y diseñar planes de mejora.

El modelo Johari Window propone analizar la propia conducta en cuatro áreas:

- Lo que conozco de mí y los demás también perciben (área abierta).
- Lo que sé de mí, pero oculto a los demás (área oculta).
- Lo que otros perciben de mí y yo desconozco (punto ciego).
- Lo que ni yo ni los demás conocemos (área desconocida).

Reducir los "puntos ciegos" a través del *feedback* es clave para crecer como líder.

E. Plan de mejora personal

El análisis de la conducta no tiene valor si no se traduce en un **plan de acción concreto**. Tras identificar fortalezas y debilidades, el líder debe plantearse objetivos de desarrollo, como:

1. Mejorar la **escucha activa**, dedicando un espacio sin interrupciones en cada reunión.
2. Reducir la **reacción impulsiva** en situaciones de presión, aplicando técnicas de respiración o pausa breve.
3. Incrementar el **reconocimiento al equipo**, estableciendo un hábito semanal de agradecimiento específico.
4. Aumentar la **claridad comunicativa**, comprobando siempre que las instrucciones se han entendido.

Liderar exige **mirar hacia dentro antes de mirar hacia fuera**: solo quien comprende cómo influyen sus palabras y acciones puede generar confianza, coherencia y motivación en los demás.

Fig. 6. Con buena base de autoconocimiento, el líder está mejor preparado para aplicar el buen juicio en la toma de decisiones

1.3. El buen juicio

El **buen juicio** es la capacidad de tomar decisiones equilibradas, razonadas y oportunas en situaciones complejas, considerando tanto la información disponible como las consecuencias para las personas y los objetivos. En el contexto del liderazgo, supone diferenciar lo esencial de lo accesorio, valorar alternativas y actuar con coherencia, incluso bajo presión.

Fig. 7. Un líder con buen juicio no es aquel que acierta siempre, sino el que sabe evaluar opciones con criterios claros, aprende de los errores y genera confianza en su criterio de decisión

A. Características del buen juicio en el liderazgo

Antes de enumerarlas, conviene recordar que el buen juicio no depende solo de la inteligencia o de los conocimientos técnicos, sino de la capacidad de integrar experiencia, valores y contexto.

- **Prudencia**: no precipitarse, evaluar consecuencias antes de actuar.
- **Coherencia**: mantener alineación entre valores, decisiones y acciones.
- **Objetividad**: basarse en datos y hechos, no solo en percepciones.
- **Equilibrio**: considerar tanto las necesidades del equipo como las metas organizacionales.
- **Aprendizaje**: reconocer errores pasados para no repetirlos.
- **Coraje**: tomar decisiones difíciles cuando es necesario, aunque no sean populares.

B. Factores que influyen en la calidad del juicio

El juicio de un líder se ve afectado por múltiples factores internos y externos. Entre los más relevantes se encuentran:

- **Experiencia previa**: cuanto más variada sea, más referencias útiles tendrá para decidir.
- **Información disponible**: la calidad y actualidad de los datos influyen en la solidez de la decisión.
- **Presión del entorno**: la urgencia o el estrés pueden nublar la reflexión.
- **Valores personales**: actúan como brújula ética y definen límites en la toma de decisiones.
- **Influencia social**: la opinión del grupo puede condicionar o enriquecer la decisión.

Ejemplo

Una responsable de producción debe decidir si detener una línea de fabricación por una posible avería. Si prioriza solo los objetivos de producción, puede ignorar un riesgo mayor. Si aplica buen juicio, evalúa datos técnicos, escucha al equipo de mantenimiento y sopesa el impacto económico frente a la seguridad, tomando la decisión más equilibrada.

C. El proceso de tomar decisiones con buen juicio

El buen juicio no surge por azar; puede ejercitarse siguiendo un **proceso estructurado**.

1. **Definir el problema o situación** con claridad.
2. **Recopilar información** suficiente, evitando sesgos.
3. **Identificar opciones viables** de actuación.
4. **Evaluar ventajas e inconvenientes** de cada opción.
5. **Tomar la decisión** con responsabilidad.
6. **Comunicarla con transparencia** al equipo.
7. **Revisar los resultados** y aprender de la experiencia.

Fig. 8. No decidir también es una decisión: la inacción prolongada genera incertidumbre y erosiona la confianza en el líder

D. Buen juicio y ética en el liderazgo

El juicio del líder no debe centrarse únicamente en lo eficaz, sino también en lo **ético**. Tomar decisiones rápidas y rentables puede parecer funcional en el corto plazo, pero sin considerar el impacto humano o social se debilita la confianza y la legitimidad del liderazgo.

Un líder con buen juicio:

- Evalúa las decisiones según criterios de **justicia, equidad y respeto**.
- Reconoce el **impacto en las personas** más allá de los indicadores de productividad.
- Evita justificar medios cuestionables por fines aparentemente positivos.

E. Desarrollo del buen juicio

El buen juicio puede cultivarse a lo largo del tiempo con prácticas concretas:

- **Reflexión sobre decisiones pasadas**: analizar qué se hizo bien y qué pudo mejorarse.
- **Buscar diversidad de opiniones**: contrastar con diferentes perspectivas antes de decidir.

- **Formación continua**: ampliar conocimientos técnicos y habilidades de análisis.
- **Mentoría y coaching**: aprender del criterio de líderes con más experiencia.
- **Ejercicios de simulación**: entrenar escenarios hipotéticos que pongan a prueba la capacidad de análisis.

 **Saber más**

En estudios de Harvard Business Review, el buen juicio se asocia más con la capacidad de escuchar y aprender que con la rapidez en decidir. Los mejores líderes dedican tiempo a consultar fuentes diversas antes de actuar.

El buen juicio es una de las cualidades que más distinguen al liderazgo efectivo. Implica tomar decisiones que combinan prudencia y coraje, datos y valores, eficacia y ética. Su práctica fortalece la confianza del equipo y convierte al líder en un referente, no solo por los resultados alcanzados, sino por la manera en que esos resultados se logran.

2. Elaboración de propuestas

En el ámbito del liderazgo, una **propuesta** es un planteamiento estructurado que busca dar respuesta a una necesidad, problema u oportunidad identificada dentro de un equipo o proyecto.

En otras palabras, una propuesta es un **instrumento de acción** que permite al líder:
- **Ordenar y dar forma a las ideas** para que puedan ser comprendidas por todos los implicados.
- **Canalizar la participación del equipo**, recogiendo aportaciones y generando sentido de pertenencia.
- **Movilizar recursos** (tiempo, personas, presupuesto) de manera planificada.
- **Impulsar la mejora continua** en la organización del trabajo, la calidad del servicio o la innovación.

Fig. 9. A diferencia de una simple sugerencia, la propuesta no se limita a expresar una idea: se formula con un propósito claro, contempla la viabilidad de su aplicación y está orientada a generar impacto positivo en los resultados

En una empresa de logística, el equipo detecta retrasos recurrentes en la entrega de pedidos. Un líder puede formular una propuesta para introducir un sistema de seguimiento digital. La propuesta no se queda en "deberíamos mejorar los envíos", sino que concreta el objetivo, detalla los beneficios (reducción de retrasos, más transparencia con el cliente) y plantea un esquema de implementación.

A. Diferencia entre propuesta como idea aislada y propuesta como plan viable

Muchas veces, en los equipos surgen ideas valiosas, pero no todas llegan a convertirse en propuestas útiles. La diferencia está en el grado de desarrollo y en la capacidad de ejecución.

- **Idea aislada**: es un pensamiento inicial, espontáneo o intuitivo. Puede ser inspirador, pero carece de detalle, análisis de impacto y viabilidad.

"Podríamos trabajar algunos días desde casa para ser más productivos."

- **Propuesta como plan viable**: transforma la idea en un planteamiento estructurado, con objetivos, recursos, plazos y criterios de evaluación. Permite que se valore y se implemente de forma realista.

 Ejemplo

"Se propone un plan piloto de teletrabajo dos días por semana, iniciando con el departamento de administración. El objetivo es aumentar la productividad en un 10% y reducir costes de desplazamiento. Se medirán resultados al cabo de tres meses mediante encuestas y seguimiento de indicadores de rendimiento."

Fig. 10. El paso de la idea a la propuesta requiere esfuerzo de estructuración: identificar el problema, plantear objetivos claros, proponer acciones y prever resultados

B. Elementos básicos que debe contener una propuesta

Una propuesta de liderazgo efectiva debe estructurarse de manera que facilite su comprensión, evaluación y ejecución. No se trata solo de plasmar una buena idea, sino de convertirla en un documento o planteamiento que oriente la acción. Para ello, se consideran **cuatro elementos esenciales** y tres cualidades transversales que aseguran su calidad.

1. **Objetivo:** El objetivo responde a la pregunta **"qué se pretende lograr"**.

   Debe formularse de manera concreta y medible, evitando formulaciones demasiado generales.

   o Ejemplo poco claro: *"Mejorar la comunicación en el equipo"*.

   o Ejemplo claro: *"Reducir en un 20% los tiempos de respuesta interna en tres meses mediante el uso de una herramienta de mensajería común"*.

   Un objetivo bien definido orienta los esfuerzos y permite evaluar si la propuesta ha tenido éxito.

2. **Justificación:** Toda propuesta debe explicar **por qué es necesaria**. Aquí se detalla la problemática o la oportunidad detectada, y se argumenta con datos o evidencias.

   o Puede basarse en indicadores (por ejemplo, alto índice de retrasos en entregas).

   o Puede basarse en observaciones (por ejemplo, reuniones que se prolongan sin resultados).

   o Puede basarse en comparaciones (por ejemplo, prácticas de otras áreas o empresas que logran mejores resultados).

Ejemplo

Un líder propone implantar un sistema de turnos más flexible. La justificación puede apoyarse en el aumento de bajas por fatiga y en estudios que muestran que la rotación de horarios reduce el absentismo.

3. **Recursos necesarios:** Una propuesta no es realista si no contempla los **recursos que requiere**. Estos pueden ser de distintos tipos:

   o **Humanos**: número de personas, perfiles específicos, dedicación.

   o **Materiales**: equipos, herramientas, infraestructuras.

   o **Económicos**: presupuesto estimado, fuentes de financiación.

   o **Tiempo**: plazos de ejecución, hitos intermedios.

La identificación clara de recursos evita improvisaciones y permite a los responsables valorar su viabilidad.

4. **Beneficios esperados:** Una propuesta debe dejar claro qué **ventajas** traerá consigo. Los beneficios pueden ser:

   o **Cuantitativos**: reducción de costes, aumento de ventas, mejora de tiempos.
   o **Cualitativos**: mejora del clima laboral, satisfacción del cliente, innovación.
   o **Mixtos**: cuando combina resultados medibles y efectos intangibles.

Lo importante es que los beneficios estén vinculados directamente con los objetivos y justificación de la propuesta.

Ejemplo

Propuesta: incorporar un *software* de gestión de proyectos.
Beneficios esperados:

- Reducir el 30% del tiempo invertido en seguimiento manual.
- Mejorar la transparencia del trabajo entre departamentos.
- Aumentar la satisfacción de clientes internos gracias a reportes automáticos.

C. Claridad, realismo y alineación con el equipo/organización

Además de los cuatro elementos mencionados, toda propuesta debe reunir **tres cualidades transversales**:

- **Claridad**: debe expresarse en un lenguaje accesible y ordenado, sin ambigüedades. Una propuesta confusa genera desconfianza y rechazo.
- **Realismo**: debe ajustarse a las posibilidades reales de ejecución. Proponer lo imposible puede parecer innovador, pero resta credibilidad.
- **Alineación**: debe estar en coherencia con los valores, prioridades y objetivos del equipo y de la organización.

Fig. 11. Incluso una propuesta excelente puede fracasar si contradice la estrategia general

Anotación

Una propuesta sólida es aquella que no solo convence a nivel teórico, sino que resulta comprensible, ejecutable y pertinente en el contexto en el que se presenta.

Los elementos básicos de una propuesta —objetivo, justificación, recursos necesarios y beneficios esperados— aseguran que el planteamiento sea **concreto y viable**. Si, además, se formula con claridad, realismo y alineación estratégica, la propuesta deja de ser una idea inspiradora para convertirse en un plan con posibilidades reales de implementación y éxito.

D. Metodología para la elaboración de propuestas eficaces

Elaborar propuestas útiles en liderazgo no es un acto improvisado, sino un **proceso estructurado** que permite transformar necesidades detectadas en soluciones viables y comunicables. La metodología se organiza en fases sucesivas y puede apoyarse en herramientas prácticas que aumentan la claridad y la efectividad del planteamiento.

Para garantizar que la propuesta sea sólida, se recomienda recorrer cuatro fases principales:

1. **Detección de necesidades:**
   o Se identifican problemas, oportunidades o áreas de mejora.
   o Se recopila información mediante observación, entrevistas, encuestas o análisis de datos.
   o Se establecen prioridades, diferenciando lo urgente de lo importante.

En un equipo de atención al cliente, se detecta quejas recurrentes sobre tiempos de espera. La necesidad: mejorar la rapidez en la atención sin reducir la calidad del servicio.

2. **Diseño de la propuesta:**
   o Se formula el **objetivo** de manera clara.
   o Se plantean las **acciones específicas** que permitan alcanzarlo.
   o Se estiman los **recursos necesarios** (humanos, materiales, económicos).
   o Se prevén posibles **obstáculos** y se plantean alternativas.

Fig. 12. Un buen diseño no solo propone soluciones, sino que también anticipa dificultades y contempla planes de contingencia

3. **Validación de la propuesta:**

   o Antes de presentar la propuesta de forma definitiva, se contrasta con personas clave.

   o Esto permite obtener **feedback temprano**, identificar riesgos no previstos y ajustar el planteamiento.

   o La validación puede hacerse en reuniones piloto, consultas con expertos o pruebas a pequeña escala.

Ejemplo

Un plan de teletrabajo puede validarse con un grupo reducido durante un mes antes de extenderlo al conjunto de la empresa.

4. **Comunicación de la propuesta:**

   o Una propuesta no tiene impacto si no se comunica bien.

   o Es fundamental adaptarla al público: directivos, compañeros o clientes internos.

   o Debe presentarse de forma clara, resaltando objetivos, beneficios y pasos de implementación.

   o También es clave prever posibles objeciones y preparar argumentos sólidos.

Saber más

La regla del "qué, por qué y cómo" resulta muy eficaz:

- Qué propones.
- Por qué es importante.
- Cómo se aplicará y qué resultados generará.

E. Herramientas prácticas para la elaboración de propuestas

Para apoyar estas fases, el liderazgo puede recurrir a herramientas sencillas pero poderosas que aportan orden y objetividad al proceso:

- **Matriz DAFO (Debilidades, Amenazas, Fortalezas y Oportunidades)**: Permite analizar la situación actual desde un enfoque interno (fortalezas y debilidades) y externo (oportunidades y amenazas).

Antes de proponer un nuevo servicio, se estudian los recursos internos disponibles y las tendencias del mercado.

- **Mapa de actores (*stakeholders*)**: Identifica a las personas o grupos que pueden influir en la propuesta o verse afectados por ella. Incluye su nivel de poder e interés, lo que permite ajustar la estrategia de comunicación.

En un cambio de *software* de gestión, el mapa incluye directivos, usuarios finales, departamento de TI y clientes externos.

- **Esquema de viabilidad**: Evalúa la factibilidad de la propuesta considerando tres dimensiones principales:
    1. **Técnica** (¿es posible con la tecnología o conocimientos actuales?).
    2. **Económica** (¿hay presupuesto para sostenerla?).
    3. **Operativa** (¿se dispone de tiempo, procesos y personal?).

Ejemplo

Una propuesta de ampliar el horario de atención al cliente puede ser viable técnicamente y operativamente, pero no económicamente si el presupuesto no contempla más personal.

La metodología para elaborar propuestas eficaces integra un **camino ordenado de cuatro fases** —detección, diseño, validación y comunicación— complementado con herramientas de análisis como DAFO, mapa de actores y esquemas de viabilidad. Gracias a este enfoque, las propuestas dejan de ser simples ideas y se convierten en planes bien fundamentados, contrastados y comunicables, con mayores probabilidades de ser aceptados e implementados.

F. Presentación y aceptación de propuestas

Una propuesta, por sólida que sea en su diseño, no alcanzará su propósito si no logra ser comprendida, aceptada y respaldada por quienes deben aprobarla o ejecutarla. El liderazgo no solo consiste en elaborar un buen plan, sino en saber comunicarlo e involucrar a las personas adecuadas.

La forma en que se transmite una propuesta puede marcar la diferencia entre su aceptación o su rechazo. Comunicarla eficazmente implica:

- **Claridad en el mensaje**: explicar de forma sencilla qué se propone, por qué es necesario y cómo se llevará a cabo.
- **Brevedad y estructura**: presentar la propuesta en un formato ordenado (introducción, objetivos, recursos, beneficios).
- **Soporte visual**: usar esquemas, gráficos o cuadros comparativos para hacer más accesible la información.
- **Adaptación al tiempo disponible**: sintetizar en pocos minutos lo esencial cuando la situación lo requiere.

Ejemplo

Un responsable de área presenta en una reunión una propuesta para incorporar un software de gestión. Lo hace con un resumen de dos páginas que incluye el objetivo, tres beneficios clave y un cronograma básico. De este modo, los decisores entienden rápidamente el planteamiento.

G. Estrategias de persuasión

La aceptación de una propuesta depende también de la capacidad del líder para **convencer y motivar** a los receptores. Algunas estrategias de persuasión son:

Fig. 13. La persuasión no consiste en imponer, sino en alinear intereses y demostrar que la propuesta es beneficiosa para todas las partes implicadas

- **Apelar a datos objetivos**: reforzar la propuesta con estadísticas, indicadores o comparativas.

- **Mostrar beneficios claros**: explicar cómo la propuesta mejora la situación actual.

- **Conectar con valores compartidos**: resaltar la coherencia con la misión y la visión de la organización.

- **Generar urgencia razonada**: mostrar los riesgos de no actuar o los beneficios de hacerlo pronto.

- **Contar historias o ejemplos concretos**: ilustrar la propuesta con casos reales que generen cercanía.

H. Adaptación al público

Cada propuesta debe adecuarse a la audiencia a la que se dirige:

- **Decisores (directivos, responsables de área)**: buscan información resumida, indicadores de impacto y análisis de coste-beneficio.
- **Equipo de trabajo**: necesita entender cómo afectará la propuesta a sus tareas diarias y qué ventajas tendrá en su desempeño.
- **Clientes internos o externos**: valoran principalmente la mejora en la calidad, rapidez o servicio recibido.

Adaptar el mensaje a cada público evita resistencias y aumenta las probabilidades de aceptación.

I. Gestión de objeciones

Es habitual que, durante la presentación, surjan dudas, críticas u objeciones. Un buen liderazgo no las evita, sino que las aborda con apertura.

Estrategias para gestionarlas son:

1. **Escuchar con atención**: dejar que la persona exponga su preocupación sin interrumpir.
2. **Reconocer el punto de vista**: mostrar empatía y validar la inquietud.
3. **Responder con argumentos claros**: apoyarse en datos, ejemplos o experiencias previas.
4. **Buscar soluciones conjuntas**: si la objeción es válida, incorporar ajustes a la propuesta.
5. **Cierre positivo**: reafirmar los beneficios generales y agradecer las aportaciones.

La presentación y aceptación de propuestas es un **ejercicio de comunicación y persuasión**. Un líder efectivo no solo diseña propuestas viables, sino que sabe transmitirlas de manera clara, adaptarlas a la audiencia y gestionar objeciones constructivamente. De este modo, convierte un planteamiento en un compromiso compartido, aumentando sus posibilidades de éxito en la implementación.

Ejemplo

En una propuesta de reorganización de turnos, algunos empleados expresan temor a perder flexibilidad. El líder escucha, muestra comprensión y ajusta el plan para permitir la elección de turnos rotativos. Así convierte una objeción en una mejora consensuada.

Resumen

El liderazgo es la capacidad de influir en las personas para que, de forma voluntaria y comprometida, orienten sus esfuerzos hacia un objetivo común. Se diferencia de la dirección en que no se apoya únicamente en la autoridad formal, sino en la confianza, la comunicación y la motivación. El liderazgo puede ser formal, cuando está ligado a un cargo, o informal, cuando surge de manera natural dentro del grupo. Ambos cumplen un papel relevante en los equipos, siempre que contribuyan a la cohesión y al logro de resultados.

Un liderazgo eficaz se sostiene en elementos como la visión, la capacidad de influir, la coherencia, la empatía y la toma de decisiones responsable. Los estilos de liderazgo (autoritario, participativo, transformacional o situacional) se aplican en función del contexto y las características del equipo, siendo más efectivos aquellos que logran combinar claridad de rumbo con motivación y compromiso.

El primer paso para liderar con eficacia es el análisis de la conducta propia. El autoconocimiento permite al líder identificar fortalezas y debilidades en su forma de relacionarse con los demás. Conductas como la escucha activa, la coherencia, la asertividad y la capacidad de delegar favorecen el liderazgo, mientras que la incoherencia, la comunicación ambigua o el autoritarismo lo dificultan. Herramientas como el *feedback* 360º, los diarios de reflexión o el modelo de la ventana de Johari facilitan esta autoevaluación y ayudan a diseñar planes de mejora personal.

Otro componente esencial es el buen juicio, entendido como la capacidad de tomar decisiones equilibradas, prudentes y coherentes. El buen juicio integra datos objetivos, valores éticos, experiencia previa y visión a futuro. No se limita a decidir con rapidez, sino a hacerlo con responsabilidad, evaluando opciones, comunicando con transparencia y aprendiendo de los resultados. Un líder con buen juicio inspira confianza porque actúa con coherencia y se atreve a tomar decisiones difíciles cuando es necesario.

Finalmente, el liderazgo se materializa en la elaboración de propuestas. Una propuesta eficaz no es una idea aislada, sino un plan estructurado que incluye un objetivo concreto, una justificación sólida, los recursos necesarios y los beneficios esperados. Su desarrollo sigue un proceso ordenado: detección de necesidades, diseño, validación y comunicación. Para apoyar estas fases, se emplean herramientas como la matriz DAFO, el mapa de actores o los esquemas de viabilidad. La presentación de la propuesta exige claridad, adaptación al público y capacidad de persuasión, gestionando objeciones con apertura y argumentos fundamentados.

En conjunto, este módulo muestra que el liderazgo no es solo un rol de autoridad, sino un instrumento de trabajo que convierte la visión en acción, fomenta la confianza, impulsa el compromiso del equipo y traduce ideas en propuestas viables. El líder eficaz combina autoconocimiento, buen juicio y capacidad de comunicación para guiar proyectos hacia resultados sostenibles.

Glosario

Asertividad

Forma de comunicarse con claridad y respeto, evitando tanto la agresividad como la pasividad.

Autoconocimientor

Reflexión sobre la propia conducta, fortalezas y debilidades para mejorar la forma de liderar.

Buen juicio

Capacidad de tomar decisiones prudentes, objetivas y coherentes, equilibrando datos, experiencia y valores éticos.

Coherencia

Correspondencia entre valores, palabras y acciones del líder.

Confianza

Credibilidad que el líder genera en el equipo mediante coherencia entre lo que dice y lo que hace.

Dirección

Función de planificar, organizar y controlar recursos, normalmente ligada a la autoridad formal.

Empatía

Habilidad de comprender y valorar las perspectivas y emociones de otras personas.

Escucha activa

Actitud de atención plena en la comunicación, validando lo que los demás expresan.

Feedback 360º

Herramienta de evaluación que recoge opiniones de superiores, compañeros y subordinados sobre el desempeño de una persona.

Influencia

Capacidad de motivar, persuadir y orientar conductas en los demás sin necesidad de imposición.

Justificación

Explicación de por qué una propuesta es necesaria, apoyada en datos o evidencias.

Liderazgo

Capacidad de influir en un grupo de personas para que trabajen de forma comprometida hacia objetivos comunes.

Mapa de actores (*stakeholders*)

Representación de las personas o grupos que pueden influir o verse afectados por una propuesta.

Matriz DAFO

Herramienta de análisis que identifica debilidades, amenazas, fortalezas y oportunidades.

Propuesta

Planteamiento estructurado que busca resolver una necesidad o aprovechar una oportunidad dentro de un equipo o proyecto.

Prudencia

Actitud de analizar consecuencias antes de actuar, evitando decisiones impulsivas.

Recursos

Medios humanos, materiales, económicos o temporales necesarios para implementar una propuesta.

Ventana de Johari

Modelo que ayuda a comprender el grado de autoconocimiento y percepción externa de la conducta.

Viabilidad

Factibilidad de una propuesta en términos técnicos, económicos y operativos.

Visión

Imagen clara del rumbo a seguir que inspira y orienta al equipo.

Ejercicios de autoevaluación

1. El liderazgo se define principalmente como la capacidad de:

a. Imponer autoridad sobre un grupo.

b. Organizar recursos de forma eficiente.

c. Influir y motivar a las personas para alcanzar objetivos comunes.

d. Controlar estrictamente los procesos.

2. ¿Cuál de las siguientes características es propia del liderazgo y no solo de la dirección?

a. Inspirar confianza y compromiso en el equipo.

b. Orientación a la eficiencia.

c. Uso de autoridad formal.

d. Supervisión del cumplimiento de normas.

3. El liderazgo informal se reconoce porque:

a. Siempre lo ejerce quien tiene el cargo más alto.

b. Surge de manera natural en el grupo, sin necesidad de nombramiento.

c. Se apoya en reglamentos escritos.

d. Es exclusivo de los directivos.

4. ¿Qué elemento NO es esencial en el liderazgo eficaz?

a. Imposición.

b. Visión.

c. Confianza.

d. Comunicación.

5. Un líder que mantiene coherencia entre lo que dice y lo que hace demuestra:

a. Asertividad.

b. Credibilidad.

c. Persuasión.

d. Innovación.

6. ¿Cuál de estas conductas favorece el liderazgo?

a. Microgestión.

b. Incoherencia.

c. Escucha activa.

d. Autoritarismo.

7. Una conducta que dificulta el liderazgo es:

a. Reconocer los logros del equipo.

b. Comunicación ambigua o contradictoria.

c. Delegar tareas con confianza.

d. Escuchar diferentes puntos de vista.

8. El análisis de la propia conducta permite al líder:

a. Evitar toda crítica externa.

b. Identificar fortalezas y áreas de mejora en su estilo de liderazgo.

c. Controlar a los demás con mayor eficacia.

d. Reducir la necesidad de formación.

9. **¿Qué herramienta ayuda a descubrir lo que otros perciben de nosotros y que no conocemos?**

   a. Modelo Johari Window.
   b. Matriz DAFO.
   c. Feedback descendente.
   d. Esquema RACI.

10. **El buen juicio en el liderazgo consiste en:**

   a. Tomar decisiones rápidas sin consultar.
   b. Delegar todas las decisiones en el equipo.
   c. Evitar cualquier riesgo.
   d. Evaluar opciones con prudencia, coherencia y responsabilidad.

Módulo 2. Trabajo en equipo

Introducción

El trabajo en equipo constituye una de las competencias más valoradas en el ámbito profesional actual, donde los resultados dependen no solo de las capacidades individuales, sino también de la capacidad de coordinar esfuerzos, asignar responsabilidades y alcanzar objetivos comunes. La organización del trabajo en grupo requiere la definición clara de competencias, la planificación de tareas y la utilización de procedimientos que favorezcan la cooperación. Además, resulta fundamental aplicar técnicas de consenso que permitan resolver discrepancias y garantizar la cohesión interna.

Este módulo se centra en el desarrollo de las habilidades necesarias para participar activamente en equipos de trabajo, organizarlos de manera eficiente y fomentar dinámicas que potencien la productividad y la satisfacción de los miembros.

Objetivos

- Comprender la importancia del trabajo en equipo como herramienta para alcanzar objetivos organizacionales de forma eficaz.
- Organizar tareas y funciones dentro de un grupo, aplicando procedimientos que aseguren la coordinación y la eficiencia.
- Asignar competencias y responsabilidades a los integrantes de un equipo, teniendo en cuenta criterios de planificación, organización de recursos humanos y dirección.
- Aplicar técnicas de consenso, como encuestas, entrevistas o informes, para favorecer la toma de decisiones colectivas.
- Fomentar un clima de cooperación y cohesión grupal, potenciando la comunicación, la confianza y el respeto entre los miembros.

1. Organización del trabajo en equipo

Organizar el trabajo en equipo significa **definir** cómo se coordina un grupo para alcanzar resultados comunes con eficacia y calidad. Implica alinear propósito, roles, procesos, herramientas, reglas de colaboración y métricas, de modo que cada persona sepa qué aportar, cuándo y con quién, minimizando fricciones y redundancias.

Fig. 1. La organización no es un documento estático: es un sistema operativo del equipo que se adapta a las necesidades del proyecto y a su entorno

La base de una buena organización parte de tres preguntas guía: ¿Qué resultados se persiguen? (objetivos), ¿quién hace qué y con quién? (estructura y responsabilidades) y ¿cómo se coordina el trabajo? (flujo, ceremonias, tableros, reglas y *feedback*). A partir de aquí, se despliegan los elementos clave que se detallan a continuación.

A. Propósito, resultados y alineamiento

Antes de repartir tareas, el equipo necesita un **propósito significativo** y **resultados esperados** descritos en términos observables (por ejemplo., entregables, indicadores de calidad, plazos y criterios de aceptación). En la práctica, ayudan enfoques como **OKR** (Objetivos y Resultados Clave) u **objetivos SMART** para convertir metas generales en compromisos verificables. Este enfoque evita malentendidos, facilita la priorización y permite evaluar el progreso de forma transparente.

Ejemplo

En un proyecto multimedia, "mejorar la experiencia de usuario" se traduce en resultados medibles: reducir un 30% los abandonos en la pantalla de inicio, elevar a 4,5/5 la satisfacción post-interacción y entregar un prototipo funcional en 4 semanas con 3 itinerarios completos.

B. Estructura del equipo y asignación de responsabilidades

Una organización eficaz define **roles claros** sin caer en compartimentos estancos. Conviene distinguir **autoridad** (quién decide) y **responsabilidad** (quién responde por el resultado). En equipos multidisciplinares son habituales figuras como coordinación/facilitación, especialistas (contenido, diseño, desarrollo, datos), garantía de calidad, documentación y soporte a *stakeholders*.

Antes de entrar en los procedimientos detallados del punto 1.1 (que se desarrollará después), resulta útil establecer una **matriz de responsabilidades** para evitar solapamientos y "zonas grises".

Vocabulario

Matriz RACI: herramienta para clarificar responsabilidades por tarea: Responsable ejecuta, Aprobador decide, Consultado aporta criterio antes de ejecutar/decidir, Informado recibe actualización tras ejecutar/decidir.

C. Interdependencia de tareas y mecanismos de coordinación

Diferentes trabajos requieren **mecanismos de coordinación** distintos según su interdependencia. A continuación, se expone una tabla que ayuda a seleccionar cómo coordinarse en función del tipo de relación entre tareas. Conviene remarcar que al aumentar la interdependencia también crece la necesidad de **sincronización**, **comunicación** y **gestión del cambio**.

Tipo de interdependencia	Descripción breve	Mecanismos de coordinación recomendados	Riesgo típico	Contramedida
Pooled (acumulativa)	Cada miembro aporta piezas independientes que se agregan.	Repositorio común, estándares de formato, *checklist* de integración.	Inconsistencias de formato.	Plantillas y revisión por pares.
Secuencial	Salida de una tarea es entrada de otra.	Calendario con hitos, "*handoffs*" con criterios de aceptación.	Cuellos de botella.	Definir *Definition of Ready/Done*.
Recíproca	Tareas se afectan mutuamente en ciclos.	Reuniones breves de sincronización, prototipos rápidos, co-edición.	Re-trabajo.	Tableros visuales y límites WIP.
Intensiva	Trabajo conjunto simultáneo de alta complejidad.	Talleres colaborativos, *swarming*, *pairing*.	Desgaste y deriva.	Facilitación y pausas técnicas.

 Anotación

Más allá de los procedimientos, los equipos necesitan acuerdos operativos ("cómo trabajamos aquí"). Estos acuerdos suelen definir canales y tiempos de respuesta, franjas de concentración, criterios de calidad, formato de entregables, uso de herramientas, gestión de incidencias y toma de decisiones. Un buen acuerdo es breve, visible y revisable cada cierto tiempo.

Para introducir dichas reglas con sentido práctico, resulta útil describir casos de uso (por ejemplo, "si hay bloqueo técnico >4 h, se solicita ayuda en el canal X y se etiqueta a Y").

D. Comunicación y toma de decisiones

La comunicación se organiza combinando **canales síncronos** (reuniones breves, talleres) y **asíncronos** (documentos, foros, tareas). Para que funcione, conviene enunciar criterios concretos:

- Para los intercambios rutinarios y trazables, **prima el canal asíncrono** con un asunto claro y decisión solicitada.
- Las **reuniones solo** cuando aporten valor que no se logra por escrito (p. ej., negociación de compromisos, resolución creativa de problemas).
- Cada reunión define **objetivo, agenda y salida esperada** (decisión, lista de acciones, próximo paso).
- La **toma de decisiones** puede ser **aprobación unipersonal** (quien tiene la A de RACI), **consulta estructurada** (A decide tras escuchar a C) o **consenso** (se favorece cuando el compromiso de ejecución de varios roles es crítico).

En la iteración de un prototipo, se usa canal asíncrono para propuestas y comentarios; si en 24 horas no hay acuerdo, se convoca un taller de 30 minutos con el aprobador y los consultados clave para cerrar criterios de aceptación y próximos pasos.

E. Gestión visual del trabajo

La **visualización del flujo** ayuda a detectar atascos y distribuir la carga. Un tablero (físico o digital) con columnas **Por hacer – En curso – En revisión – Hecho** permite identificar cuellos de botella, dependencias y trabajo en riesgo.

WIP (*Work In Progress*): limitar tareas simultáneas por persona/rol mejora el *throughput* y reduce el tiempo de ciclo. Es preferible terminar 3 tareas que empezar 8 y no cerrar ninguna.

F. Estándares de calidad y documentación mínima

Para asegurar consistencia, se definen **estándares de calidad** y una **documentación mínima** que acompañe a los entregables: plantillas, *Definition of Done*, criterios de accesibilidad/UX, evidencias de pruebas, *changelog* y versión. Documentar de forma ligera evita "memoria tribal" y facilita la continuidad ante ausencias.

G. Gestión de dependencias, riesgos e incidencias

La organización del trabajo no solo planifica lo esperado; también **prepara respuestas ante lo inesperado**.

Fig. 2. La detección temprana se apoya en señales (métricas, alertas del tablero, feedback de usuarios) y en rituales de inspección (por ejemplo)., revisión semanal de riesgos)

A continuación, se presenta una tabla con riesgos comunes en equipos y cómo anticiparlos:

Riesgo frecuente	Señal temprana	Impacto	Acción preventiva	Plan de contingencia
Dependencia externa bloqueante.	Tareas "En espera" > 48 h.	Retrasos en cadena.	Acordar SLAs y puntos de control.	Repriorizar y *mockear* entradas.
Deriva de alcance.	Aumentan "cambios no previstos".	Re-trabajo y plazos.	Criterios de aceptación + control de cambios.	Congelar alcance y abrir iteración nueva.
Sobrecarga de un rol clave.	WIP alto y cuellos en "Revisión".	Bajas de calidad.	Formación cruzada y *pairing*.	Redistribuir tareas críticas.
Falta de alineamiento.	Comentarios contradictorios.	Conflictos y demoras.	Alineamientos quincenales con *stakeholders*.	Taller de reconducción y decisión ejecutiva.

La **capacidad** (tiempo disponible real) es un límite duro. Organizar bien implica **decir "no por ahora"** a tareas que superen la capacidad, en lugar de aceptar compromisos inviables que erosionan calidad y clima.

H. Ritmos de trabajo y mejora continua

Los equipos funcionan mejor con **cadencias estables**: planificación breve (semanal/quincenal), sincronizaciones cortas (diarias solo si aportan), revisión de resultados y retrospectivas para **mejorar el sistema** (no solo las personas).

Fig. 3. La mejora continua se enfoca en reducir fricciones del flujo, clarificar criterios y compartir prácticas efectivas

I. Indicadores y verificación del funcionamiento del sistema

Medir es clave para **aprender y ajustar**. Algunos indicadores útiles, siempre contextualizados, incluyen:

- **Tiempo de ciclo** (de inicio a entrega) y **tiempo de espera** entre estados.
- *Throughput* (tareas completadas por intervalo) y **porcentaje re-trabajo**.
- **Calidad** (defectos por entrega, cumplimiento de criterios de aceptación).
- **Compromiso cumplido** (entregas a tiempo vs. plan).
- **Clima** (seguridad psicológica, carga percibida, claridad de rol).

Estos indicadores no se usan para "controlar" a individuos, sino para **ajustar el sistema** y facilitar el trabajo.

J. Herramientas y entorno de colaboración

La tecnología se selecciona en función del **flujo de trabajo**: tableros (Kanban), repositorios y control de versiones, editores colaborativos, mensajería y videollamadas, y almacenamiento seguro. Se definen **convenciones** (nombres de archivos, etiquetas, estados del tablero, canales temáticos) para que la herramienta **amplifique** la organización, no la complique.

Con los pilares anteriores —propósito, roles, coordinación, reglas, estándares, gestión visual, riesgos, ritmos, métricas y herramientas—, el siguiente paso es aterrizar la organización en procedimientos operativos: cómo se inicia una tarea, qué entradas necesita, cómo se ejecuta, qué validaciones pasa y cómo se entrega.

1.1. Procedimientos para llevar a cabo una tarea o función

Los **procedimientos** son la manera formalizada de definir cómo se hace el trabajo dentro de un equipo. Su objetivo es garantizar que las tareas o funciones se realicen de forma **coherente, eficaz y repetible**, evitando depender exclusivamente de la improvisación o del criterio individual.

Un procedimiento bien diseñado responde a tres preguntas clave:

- **¿Qué se debe hacer?** (actividad concreta).
- **¿Cómo debe hacerse?** (método, pasos, herramientas y recursos).
- **¿Quién es responsable?** (rol o persona encargada, y posibles apoyos).

Fig. 4. El procedimiento se convierte en una especie de "mapa de acción" que guía al equipo desde el inicio de una tarea hasta su finalización, asegurando que cada miembro sepa cómo contribuir

A. Etapas generales de un procedimiento

Aunque cada organización adapta los procedimientos a sus necesidades, de manera general suelen componerse de las siguientes etapas:

1. **Inicio de la tarea**: definición del objetivo, asignación de responsable y revisión de recursos necesarios.
2. **Planificación y preparación**: identificación de pasos, herramientas y plazos para ejecutar la tarea.
3. **Ejecución**: realización de la actividad siguiendo los pasos previstos.
4. **Supervisión y control**: revisión de avances, detección de desviaciones y aplicación de medidas correctivas.
5. **Cierre y entrega**: validación del resultado, documentación mínima y comunicación al equipo o al cliente interno.
6. **Retroalimentación**: registro de incidencias y mejoras que servirán para optimizar el procedimiento en el futuro.

Ejemplo

En un equipo de diseño multimedia, el procedimiento para "elaborar una infografía" incluiría: recibir el briefing (inicio), planificar fuentes y estilos (planificación), diseñar los gráficos (ejecución), revisar con el coordinador (supervisión), entregar en formato definido (cierre) y documentar las lecciones aprendidas (retroalimentación).

B. Características de un buen procedimiento

Un procedimiento eficaz debe reunir una serie de cualidades que lo hagan **claro y aplicable** en la práctica:

- **Claridad**: expresado en un lenguaje comprensible, sin ambigüedades.
- **Secuencialidad**: pasos definidos en un orden lógico y cronológico.
- **Accesibilidad**: disponible para todos los miembros del equipo.
- **Flexibilidad**: adaptable a cambios del entorno o del proyecto.
- **Medibilidad**: cada fase debe poder verificarse con indicadores simples (ejemplo: completado/no completado, aprobado/no aprobado).
- **Responsabilidad definida**: debe estar claro quién ejecuta, quién revisa y quién aprueba.

C. Tipos de procedimientos en equipos de trabajo

Los procedimientos no son iguales para todas las funciones. Pueden clasificarse en varias categorías según su naturaleza:

- **Procedimientos operativos**: describen cómo realizar una tarea concreta (ej.: publicar contenido en redes sociales siguiendo pasos estandarizados).
- **Procedimientos de coordinación**: regulan la interacción entre miembros del equipo (ejemplo: cómo se aprueba un cambio de calendario).
- **Procedimientos de calidad**: establecen criterios de revisión y estándares que deben cumplir los entregables.

- **Procedimientos de emergencia**: indican cómo actuar ante incidencias inesperadas (ejemplo: caída de un sistema o error crítico en un proyecto en curso).

Anotación

En la práctica, muchos equipos combinan varios tipos de procedimiento en un mismo documento. Por ejemplo, un procedimiento para "gestionar entregables del cliente" puede incluir pasos operativos (preparar archivos), de coordinación (enviar para revisión) y de calidad (validar formato y corrección).

D. Herramientas de apoyo a los procedimientos

Para que los procedimientos no queden en un documento olvidado, se apoyan en **herramientas visuales y tecnológicas** que facilitan su seguimiento:

- **Diagramas de flujo**: representan gráficamente los pasos y decisiones.
- **Listas de verificación (*checklists*)**: aseguran que no se omite ningún paso crítico.
- **Tableros digitales (Kanban, Trello, Jira, Asana, etc.)**: permiten visualizar las tareas y su estado.
- **Plantillas**: estandarizan entregables y reducen el tiempo de preparación.
- **Sistemas de control de versiones**: garantizan trazabilidad de cambios en documentos o productos.

E. Beneficios de los procedimientos en equipos

Los procedimientos aportan múltiples ventajas a la organización del trabajo:

- Aumentan la **eficiencia** al reducir la improvisación.
- Favorecen la **uniformidad** en la ejecución de tareas.
- Facilitan la **formación de nuevos miembros**, que encuentran guías claras.
- Disminuyen los **errores y retrabajos**.

- Mejoran la **trazabilidad** y la rendición de cuentas.
- Contribuyen a la **cohesión del equipo**, al dejar claras las responsabilidades.

 **Saber más**

La metodología Lean insiste en documentar los procedimientos como "mejores prácticas actuales" más que como normas rígidas. Esto permite que cada mejora detectada se integre rápidamente y el procedimiento se mantenga vivo, en evolución constante.

2. Asignación de competencias en el trabajo en equipo

La **asignación de competencias** es uno de los pilares más importantes en la organización de equipos, ya que establece qué **responsabilidades** corresponden a cada miembro y cómo se distribuyen las funciones necesarias para lograr los objetivos comunes.

Fig. 5. Una asignación adecuada evita solapamientos, reduce la aparición de vacíos de responsabilidad y asegura que las tareas se realicen de acuerdo con las capacidades individuales y colectivas

Asignar competencias no significa únicamente repartir tareas, sino también **alinear habilidades, roles y autoridad** con los fines del proyecto. Un equipo puede contar con personas altamente cualificadas, pero si las competencias no se definen con claridad, surgen conflictos, retrasos o duplicación de esfuerzos.

A. La importancia de la claridad en los roles

Cada persona que participa en un equipo necesita conocer con exactitud:

- **Cuál es su papel** dentro del grupo.
- **Qué se espera de ella** en términos de resultados.
- **A quién debe reportar** o de quién recibe instrucciones.
- **Qué margen de autonomía** tiene para tomar decisiones.

Cuando estas cuestiones no están claras, se generan **ambigüedades** que repercuten en la eficiencia y en la motivación del equipo. La claridad en la asignación de competencias es, por tanto, un factor clave para mantener un clima de cooperación saludable.

En un equipo que desarrolla un curso online, si no se especifica claramente quién se encarga de la revisión final de los contenidos, varios miembros podrían hacerlo de manera independiente, invirtiendo tiempo innecesario y generando versiones contradictorias del material.

B. Dimensiones principales en la asignación de competencias

Aunque la manera de distribuir competencias depende del tipo de proyecto y de la cultura organizacional, existen **cuatro dimensiones esenciales** que siempre deben contemplarse:

1. **Coordinación**: garantizar la conexión fluida entre tareas, personas y procesos, evitando cuellos de botella y asegurando que todos los esfuerzos se dirijan hacia el mismo objetivo.

2. **Organización de los recursos humanos**: identificar las capacidades disponibles, asignar funciones en función de los perfiles y garantizar un equilibrio entre la carga de trabajo y las competencias individuales.

3. **Planificación del trabajo**: diseñar un itinerario de tareas, plazos y recursos necesarios, de modo que cada persona tenga claridad sobre cuándo y cómo debe actuar.

4. **Dirección**: ejercer un liderazgo que oriente, supervise y, cuando sea necesario, tome decisiones para corregir desviaciones o resolver conflictos.

Anotación

Estas cuatro dimensiones no deben entenderse como compartimentos aislados, sino como elementos interdependientes. Una coordinación eficaz necesita de una buena planificación, y la dirección se apoya en una correcta organización de los recursos humanos.

C. Herramientas para asignar competencias

La definición de competencias dentro de un equipo puede apoyarse en diferentes herramientas que ayudan a clarificar responsabilidades:

- **Matrices de roles (RACI, DACI, MOCHA)**: permiten visualizar quién es responsable de ejecutar, quién aprueba, quién apoya o quién debe ser informado.
- **Mapas de competencias**: muestran las habilidades técnicas y blandas de cada miembro, ayudando a equilibrar la distribución de tareas.
- **Perfiles de puesto o descripciones de rol**: documentos breves que recogen las funciones, responsabilidades y nivel de autoridad.
- **Tableros de trabajo**: permiten asignar y hacer seguimiento de tareas en tiempo real, facilitando la transparencia.

Saber más

La matriz MOCHA (*Manager, Owner, Consulted, Helper, Approver*) es una variación más completa que RACI, muy útil en proyectos con múltiples responsables.

D. Beneficios de una correcta asignación de competencias

Cuando la asignación se lleva a cabo de forma clara y coherente, los equipos experimentan beneficios notables:

- **Mayor productividad**, al evitar duplicidades y confusiones.
- **Motivación y compromiso**, ya que cada persona entiende la importancia de su rol.
- **Mejora en la comunicación**, al tener puntos de contacto claramente definidos.
- **Reducción de conflictos internos**, porque disminuyen las ambigüedades en las responsabilidades.
- **Agilidad en la toma de decisiones**, ya que queda claro quién debe decidir en cada situación.

Ejemplo

En un proyecto de implantación de software en una empresa, la asignación clara de competencias permitió que mientras el equipo técnico configuraba el sistema, el equipo de formación preparaba los manuales y el de soporte planificaba la atención a usuarios. Esto evitó solapamientos y garantizó una entrega coordinada.

E. Relación con la cohesión del equipo

La manera en que se reparten las competencias influye directamente en la **cohesión**. Cuando los miembros perciben que las responsabilidades están distribuidas con justicia y que sus capacidades son valoradas, aumenta el sentido de pertenencia y la confianza mutua.

Una vez explicada la relevancia y el alcance de la asignación de competencias en el trabajo en equipo, resulta necesario profundizar en las **cuatro dimensiones clave** que la sostienen:

- **Coordinación**: cómo sincronizar los esfuerzos y garantizar el flujo de trabajo.
- **Organización de Recursos Humanos**: cómo identificar y aprovechar las capacidades de las personas.

- **Planificación del trabajo**: cómo estructurar tiempos, tareas y prioridades.
- **Dirección**: cómo ejercer el liderazgo que da cohesión y rumbo al equipo.

Fig. 6. Una asignación desequilibrada o arbitraria puede generar tensiones y desmotivación

2.1. Coordinación

La **coordinación** en el trabajo en equipo se entiende como el conjunto de mecanismos que permiten sincronizar tareas, recursos y personas con el fin de alcanzar los objetivos colectivos de manera ordenada y eficaz.

La coordinación es, en esencia, la diferencia entre un grupo de personas que trabajan en paralelo y un equipo que colabora de forma integrada.

Fig. 7. No basta con asignar funciones: es necesario que las acciones individuales encajen entre sí como piezas de un mismo engranaje

Cuando la coordinación falla, aparecen retrasos, duplicación de esfuerzos, conflictos internos y pérdida de calidad en los resultados.

A. Elementos básicos de la coordinación

Para que la coordinación sea efectiva, deben cuidarse varios aspectos:

1. **Definición clara de tareas y responsabilidades**: cada miembro debe conocer qué le corresponde hacer y cómo se relaciona con el trabajo de los demás.

2. **Sincronización temporal**: fijar plazos, hitos y secuencias de tareas que aseguren que cada entrega llega a tiempo.

3. **Comunicación fluida**: establecer canales, normas y frecuencia de comunicación para resolver dudas y transmitir avances.

4. **Interdependencia positiva**: concebir las tareas como complementarias y no como compartimentos aislados.

5. **Mecanismos de seguimiento**: disponer de sistemas que permitan monitorizar el progreso y detectar desviaciones a tiempo.

 Ejemplo

En la elaboración de un informe de consultoría, la coordinación exige que el equipo de análisis entregue sus datos antes de que el equipo de redacción prepare el documento final. Si la sincronización falla, el entregable podría retrasarse o incluir información incompleta.

B. Niveles de coordinación

La coordinación puede darse en distintos niveles dentro de un equipo:

- **Intrapersonal**: cada persona organiza sus tareas para cumplir plazos y contribuir al equipo.

- **Interpersonal**: se centra en la relación entre dos o más miembros que deben colaborar directamente.

- **Grupal**: afecta a todo el equipo, regulando la interacción global y la consecución de metas comunes.

- **Interequipos**: cuando varios grupos diferentes deben coordinarse entre sí (por ejemplo, *marketing* y desarrollo tecnológico).

Fig. 8. La mayoría de los problemas de coordinación en las organizaciones surgen en los niveles grupal e interequipos, donde las interdependencias son mayores y más complejas

C. Estrategias de coordinación

Existen diferentes estrategias que los equipos pueden utilizar para mejorar su coordinación:

- **Reuniones de sincronización**: encuentros breves y regulares donde se comparten avances, bloqueos y próximos pasos.
- **Tableros visuales**: herramientas como Kanban, Trello o pizarras físicas que muestran el estado de las tareas en tiempo real.
- **Protocolos de comunicación**: reglas sobre qué canal usar para qué tipo de mensaje (correo, chat, videollamada, etc.).
- **Documentación compartida**: uso de repositorios o archivos colaborativos que centralicen la información.
- **Definición de hitos comunes**: establecimiento de entregas parciales que marcan el progreso y alinean esfuerzos.

Antes de ver estas estrategias en acción, es útil clasificarlas en función de si son **preventivas** (para evitar problemas) o **reactivas** (para resolverlos una vez que ocurren).

Tipo de estrategia	Ejemplo	Beneficio principal	Riesgo si no se aplica
Preventiva.	Tablero Kanban para asignar y seguir tareas.	Claridad y transparencia.	Confusión sobre quién hace qué.
Reactiva.	Reunión de emergencia para resolver un bloqueo.	Rapidez en la resolución.	Acumulación de problemas no tratados.

D. Obstáculos frecuentes en la coordinación

Los equipos suelen enfrentarse a dificultades que entorpecen la coordinación:

- **Falta de información oportuna**: los miembros no saben en qué punto se encuentra el trabajo de otros.
- **Solapamiento de tareas**: varias personas trabajan en lo mismo sin darse cuenta.
- **Desajustes temporales**: una tarea no está lista cuando otra depende de ella.
- **Diferencias en estilos de trabajo**: algunos prefieren planificar al detalle, otros trabajar de forma flexible.
- **Comunicación deficiente**: canales inadecuados o falta de claridad en los mensajes.

Ejemplo

En un proyecto de marketing digital, si el equipo creativo no comunica a tiempo los plazos de entrega de los diseños, el equipo de programación puede quedar bloqueado, retrasando toda la campaña.

E. Beneficios de una buena coordinación

Cuando la coordinación se gestiona adecuadamente, el equipo experimenta mejoras notables:

- Reducción de tiempos muertos y mayor eficiencia.
- Menor probabilidad de errores, ya que las tareas se alinean correctamente.

- Incremento de la confianza entre los miembros, al percibir orden y claridad.
- Mayor capacidad de adaptación, porque el equipo responde con agilidad a cambios o imprevistos.
- Resultados de mayor calidad, fruto de la integración armónica de todas las aportaciones.

 **Saber más**

En metodologías ágiles como Scrum, la coordinación es un principio central: las reuniones diarias, las revisiones de sprint y las retrospectivas son rituales diseñados para mantener sincronizados a todos los miembros y adaptarse con rapidez a cambios.

F. Puente hacia los siguientes apartados

La coordinación, como hemos visto, es la base para que un equipo funcione como un todo y no como la suma de individualidades. Sin embargo, no actúa de manera aislada. Está estrechamente ligada a otros elementos que veremos en los apartados siguientes:

- La **organización de los recursos humanos** que permite aprovechar las capacidades de cada miembro.
- La **planificación del trabajo** que define plazos y secuencias.
- La **dirección** que asegura que las decisiones se tomen y se apliquen con eficacia.

2.2. Organización de Recursos Humanos

La organización de los recursos humanos en un equipo no se limita a repartir tareas: implica **identificar, asignar y optimizar las capacidades y talentos disponibles** para que el conjunto funcione de forma armónica. El capital humano es el recurso más valioso de cualquier organización, y su gestión adecuada es determinante para el éxito de los proyectos.

Fig. 9. Un equipo puede contar con profesionales muy cualificados, pero si sus competencias no se canalizan correctamente, el rendimiento será inferior al esperado

Por eso, la organización de recursos humanos se centra en responder a tres preguntas clave:

1. **¿Quién hace qué?** → definición de roles y funciones.
2. **¿Quién puede hacerlo mejor?** → ajuste entre competencias personales y responsabilidades.
3. **¿Con qué apoyo y en qué condiciones?** → dotación de recursos, equilibrio de cargas y acompañamiento.

Para que la gestión del equipo sea eficaz, deben cumplirse ciertos principios:

- **Aprovechamiento de competencias individuales**: cada persona debe desempeñar funciones alineadas con sus habilidades técnicas y personales.
- **Equilibrio de cargas de trabajo**: evitar sobrecargar a unos mientras otros permanecen infrautilizados.
- **Flexibilidad**: estar preparados para reestructurar roles si el proyecto cambia o surgen imprevistos.
- **Transparencia**: los miembros deben conocer qué se espera de ellos y qué papel desempeñan los demás.
- **Desarrollo y motivación**: fomentar oportunidades de aprendizaje y crecimiento que refuercen la implicación.

Ejemplo

En un proyecto de creación de un curso e-learning, el equipo cuenta con un diseñador gráfico, un experto en contenidos y un programador. La organización de recursos humanos asegura que cada uno trabaje en lo que mejor sabe hacer, pero también que tengan momentos de colaboración conjunta para integrar contenidos, diseño y programación de manera fluida.

A. Roles en la organización de un equipo

Un equipo eficaz no solo necesita especialistas, también requiere de **roles complementarios** que sostengan el funcionamiento global. Entre los más habituales se encuentran:

- **Coordinador/a o facilitador/a**: asegura que el trabajo fluya y resuelve bloqueos.
- **Especialistas técnicos**: aportan conocimientos específicos (informática, diseño, comunicación, etc.).
- **Responsable de calidad**: revisa los entregables según criterios establecidos.
- **Gestor/a de comunicación**: mantiene los vínculos con clientes o áreas externas.
- **Soporte administrativo/logístico**: se ocupa de cuestiones prácticas (agenda, documentación, materiales).

Anotación

En algunos proyectos, una misma persona puede asumir más de un rol, especialmente en equipos pequeños. Lo importante es que cada función esté cubierta, aunque no necesariamente por un individuo exclusivo.

B. Herramientas para organizar los recursos humanos

La organización se apoya en instrumentos que facilitan la asignación y el seguimiento de competencias:

- **Mapas de competencias**: matrices que muestran qué habilidades posee cada miembro y en qué grado.
- **Matriz RACI**: clarifica quién es Responsable, quién Aprueba, quién se Consulta y quién se Informa.
- **Perfiles de puesto**: descripciones breves de responsabilidades, requisitos y nivel de autonomía.
- **Tableros de trabajo**: permiten visualizar qué persona está a cargo de cada tarea y su estado de avance.

Herramienta	Utilidad principal	Riesgo si no se aplica
Mapa de competencias.	Asignar tareas según habilidades.	Subutilización o sobrecarga de personas.
Matriz RACI.	Claridad en responsabilidades.	Confusión en la toma de decisiones.
Perfiles de puesto.	Evitar ambigüedad de roles.	Solapamientos y conflictos.
Tableros de trabajo.	Transparencia en el avance.	Dificultad para coordinar tiempos y entregas.

C. Factores a considerar en la asignación de personas

Al organizar recursos humanos, no basta con tener en cuenta la formación técnica. Existen otros factores que condicionan la eficacia de un equipo:

- Experiencia previa en proyectos similares.
- Disponibilidad de tiempo real, no solo la teórica.
- Capacidades de comunicación y trabajo en grupo.
- Nivel de motivación e interés en el proyecto.
- Compatibilidad con la cultura del equipo o de la organización.

Ejemplo

Si en un proyecto de consultoría se asigna como responsable de coordinación a alguien con gran conocimiento técnico, pero con baja capacidad de comunicación, es posible que el equipo encuentre dificultades en la transmisión de información. En este caso, convendría reorganizar para que esa persona se concentre en la parte técnica y otra asuma el rol de enlace.

D. Beneficios de una buena organización de recursos humanos

Una adecuada distribución y gestión del talento humano en un equipo genera efectos positivos a corto y largo plazo:

- **Mayor eficiencia**, al aprovechar al máximo las habilidades de cada miembro.
- **Clima laboral positivo**, porque las cargas de trabajo están equilibradas.
- **Mayor motivación y compromiso**, al sentir que se reconoce la valía individual.
- **Reducción de conflictos internos**, al quedar claras las funciones y responsabilidades.
- **Flexibilidad organizativa**, porque se pueden reasignar tareas ante cambios o imprevistos.

Saber más

La teoría de los roles de Belbin plantea que un equipo equilibrado debe contar con una combinación de distintos tipos de miembros: creativos, implementadores, coordinadores, evaluadores, entre otros. Este enfoque es muy útil para reflexionar sobre la diversidad de perfiles que necesita un proyecto para tener éxito.

Una vez establecidas las capacidades disponibles y distribuidas las responsabilidades, resulta necesario avanzar hacia:

- La **planificación del trabajo** que define los tiempos, secuencias y prioridades.
- La **dirección** que proporciona liderazgo y capacidad de decisión para guiar al equipo hacia los objetivos.

Fig. 10. La organización de los recursos humanos es el cimiento sobre el que se apoyan los demás aspectos de la asignación de competencias

2.3. Planificación del trabajo

La planificación del trabajo es el proceso mediante el cual se **estructuran las tareas, los recursos y los plazos** de un proyecto o actividad de equipo. Su objetivo es anticipar qué se debe hacer, quién lo hará, cuándo y con qué medios, para que los objetivos colectivos puedan cumplirse de manera eficiente.

Planificar no significa elaborar un cronograma rígido, sino diseñar un **marco de acción flexible**, capaz de adaptarse a cambios sin perder la visión general. En este sentido, la planificación se convierte en una herramienta para prevenir problemas, ordenar prioridades y coordinar esfuerzos.

Una planificación eficaz debe contemplar varios componentes esenciales:
1. **Definición de objetivos**: claros, medibles y alcanzables, que den sentido al conjunto de tareas.
2. **Desglose de tareas**: dividir el objetivo global en actividades concretas y manejables.
3. **Asignación de responsables**: cada tarea debe tener al menos una persona claramente identificada como encargada.
4. **Secuenciación y dependencias**: ordenar las tareas en función de lo que puede hacerse en paralelo y lo que depende de un paso previo.

5. **Recursos necesarios**: identificar qué medios materiales, humanos o tecnológicos requiere cada actividad.

6. **Plazos e hitos**: establecer tiempos realistas, con entregas parciales que permitan medir el progreso.

7. **Mecanismos de seguimiento y ajuste**: definir cómo se revisará la planificación y cómo se corregirá ante cambios.

Ejemplo

En la producción de un vídeo corporativo, la planificación incluye tareas como guion, rodaje, edición y distribución. Cada una depende de la anterior: no se puede editar sin haber grabado, y no se puede grabar sin tener el guion aprobado. La secuenciación y asignación correcta evitan bloqueos y retrasos.

A. Herramientas de planificación

Para llevar a cabo una planificación eficaz, los equipos suelen apoyarse en diferentes recursos, que varían en complejidad según el tipo de proyecto:

- **Listas de tareas**: útiles en proyectos pequeños o de baja complejidad.
- **Cronogramas**: representan las tareas en el tiempo, como los diagramas de Gantt.
- **Métodos ágiles**: planificaciones iterativas y adaptativas (Scrum, Kanban, etc.) con ciclos cortos de trabajo.
- **Matriz de priorización**: clasifica tareas según su urgencia e importancia.
- **Software de gestión de proyectos**: Trello, Asana, Jira, Microsoft Planner, entre otros, que combinan tareas, plazos, recursos y comunicación.

Herramienta	Utilidad	Limitación
Lista de tareas.	Simplicidad y rapidez.	Poco útil en proyectos complejos.
Cronograma (Gantt).	Visualizar dependencias y plazos.	Puede volverse rígido.
Kanban.	Flujo visual y flexible.	Riesgo de falta de visión a largo plazo.
Scrum (*sprints*).	Iteraciones adaptables y revisión constante.	Requiere disciplina y roles claros.

B. Factores de éxito en la planificación

No basta con elaborar un plan: su efectividad depende de ciertas condiciones. Entre ellas destacan:

- **Participación del equipo**: si los miembros participan en la elaboración del plan, aumenta el compromiso y el realismo en los plazos.
- **Realismo en los tiempos**: evitar planificaciones demasiado ambiciosas que conduzcan a estrés o incumplimientos.
- **Flexibilidad ante imprevistos**: contemplar márgenes y planes alternativos.
- **Comunicación constante**: mantener a todo el equipo informado de cambios y avances.
- **Control periódico**: revisar el plan en intervalos regulares para detectar desviaciones y corregirlas.

Anotación

Uno de los errores más frecuentes en la planificación es asumir que todo saldrá según lo previsto. Un buen plan no es aquel que nunca cambia, sino el que incluye mecanismos para adaptarse cuando cambian las circunstancias.

C. Obstáculos comunes en la planificación

Existen varios problemas que pueden dificultar una planificación eficaz:

- **Definición ambigua de objetivos**: cuando no están claros, es imposible establecer tareas concretas.
- **Subestimación de tiempos**: es habitual pensar que una tarea llevará menos tiempo del real.
- **Desconocimiento de dependencias**: no identificar qué tareas dependen de otras genera bloqueos.
- **Resistencia al cambio**: algunos equipos ven la planificación como una "camisa de fuerza" en lugar de una guía flexible.
- **Falta de seguimiento**: un plan elaborado y nunca revisado se convierte en un documento inútil.

Ejemplo

En un proyecto de lanzamiento de un producto, la planificación falló porque se ignoró la dependencia entre la fase de pruebas de calidad y la campaña publicitaria. El resultado fue que la publicidad se lanzó antes de tener el producto validado, generando incidencias en clientes.

D. Beneficios de una planificación adecuada

Una buena planificación repercute positivamente en varios aspectos del trabajo en equipo:

- **Mejora la eficiencia**, al reducir tiempos muertos y duplicación de esfuerzos.
- **Aumenta la confianza del cliente interno o externo**, al ofrecer visibilidad del proceso.
- **Facilita la coordinación**, al dar un marco común para sincronizar tareas.
- **Refuerza la motivación**, porque los miembros ven metas claras y alcanzables.
- **Reduce el estrés laboral**, al anticipar cargas y plazos.

 **Saber más**

En metodologías de gestión de proyectos como PMBOK o PRINCE2, la planificación se considera una de las fases centrales, pero se entiende como un proceso vivo que debe revisarse en cada punto de control.

La planificación organiza los **qué, quién y cuándo** del trabajo en equipo, pero requiere un componente adicional: la **dirección**.

Fig. 11. Sin un liderazgo que supervise la ejecución, tome decisiones y motive al equipo, incluso el mejor plan puede quedar en papel mojado

2.4. Dirección

La dirección en el trabajo en equipo se refiere al proceso de guiar, supervisar y motivar a las personas para que las tareas planificadas se ejecuten de forma coordinada y eficiente. No basta con tener objetivos, roles claros y una planificación detallada: es necesario un **liderazgo** que marque el rumbo, mantenga la cohesión y facilite la toma de decisiones.

La dirección se convierte, por tanto, en el elemento que transforma un plan en acción. Implica un equilibrio entre la **autoridad formal** (capacidad de tomar decisiones y asignar recursos) y la **influencia personal** (habilidad para inspirar y motivar).

La dirección en equipos de trabajo abarca varias funciones que se complementan entre sí:

1. **Orientar**: comunicar con claridad la misión, los objetivos y las prioridades del equipo.

2. **Supervisar**: garantizar que las tareas se desarrollan de acuerdo con los procedimientos y plazos establecidos.

3. **Motivar**: generar compromiso, reconocer logros y mantener el entusiasmo del grupo.

4. **Resolver conflictos**: mediar en desacuerdos y tomar decisiones que permitan seguir avanzando.

5. **Tomar decisiones**: elegir entre alternativas y asumir la responsabilidad de la elección.

6. **Representar al equipo**: actuar como enlace ante otros departamentos, clientes o la dirección general.

Ejemplo

En un proyecto de innovación tecnológica, la dirección no solo consiste en aprobar presupuestos o asignar recursos. También implica explicar al equipo por qué la innovación es estratégica, escuchar sus propuestas y motivarles para superar los retos técnicos.

A. Estilos de dirección

La forma de dirigir puede variar mucho según el líder y el contexto. Algunos de los estilos más habituales son:

- **Directivo**: el líder marca el camino y supervisa de cerca. Útil en situaciones de crisis o cuando el equipo es inexperto.

- **Participativo**: se fomenta la implicación de los miembros en las decisiones. Favorece la motivación y la creatividad.

- **Delegativo**: se confía en la autonomía del equipo, limitando la intervención a lo esencial. Adecuado para equipos maduros y expertos.
- **Transformacional**: busca inspirar y generar cambios, transmitiendo visión y entusiasmo.

Fig. 12. Un buen director no se limita a un único estilo: la clave está en adaptar el estilo de dirección a la naturaleza del proyecto, a la madurez del equipo y a las circunstancias

B. Competencias necesarias para dirigir un equipo

La dirección eficaz exige el desarrollo de una serie de competencias personales y profesionales:

- **Comunicación asertiva**: transmitir ideas con claridad y escuchar activamente.
- **Capacidad de decisión**: actuar con criterio y rapidez, incluso en situaciones de incertidumbre.
- **Gestión emocional**: mantener la calma y transmitir confianza ante dificultades.
- **Empatía**: comprender las necesidades y motivaciones de los miembros.
- **Visión estratégica**: conectar el trabajo del equipo con los objetivos globales de la organización.
- **Capacidad de delegar**: confiar tareas en otros y evitar la sobrecarga personal.

Vocabulario

Liderazgo situacional: enfoque que sostiene que no hay un estilo de dirección único, sino que debe adaptarse al nivel de madurez y competencia de los miembros del equipo en cada situación.

C. Herramientas de apoyo a la dirección

Los responsables de un equipo cuentan con múltiples recursos que facilitan su labor:

- **Reuniones de seguimiento**: permiten revisar avances y dar *feedback*.
- **Cuadros de mando**: ofrecen indicadores clave para evaluar el desempeño del equipo.
- **Reconocimiento formal e informal**: refuerza la motivación y el sentido de logro.
- **Protocolos de toma de decisiones**: ayudan a resolver conflictos de manera ágil.
- **Mentoría y acompañamiento**: fortalecen el desarrollo profesional de los miembros.

Herramienta	Utilidad principal	Beneficio para la dirección
Reuniones de seguimiento.	Detectar avances y bloqueos.	Mayor control y anticipación.
Cuadro de mando.	Medir indicadores clave.	Toma de decisiones basada en datos.
Reconocimiento.	Motivar y retener talento.	Clima laboral positivo.
Protocolos de decisión.	Evitar bloqueos y conflictos.	Agilidad y confianza.

D. Obstáculos en la dirección de equipos

Ejercer la dirección no está exento de dificultades. Algunos obstáculos frecuentes son:

- **Autoritarismo excesivo**, que limita la autonomía del equipo y genera desmotivación.
- **Falta de liderazgo real**, cuando la figura directiva evita tomar decisiones.
- **Comunicación deficiente**, que provoca confusión y rumores.

- **Resistencia al cambio**, tanto en el líder como en los miembros del equipo.
- **Sobrecarga del director**, que intenta asumir demasiadas tareas en lugar de delegar.

En un proyecto de desarrollo de software, un director que no delega puede convertirse en un cuello de botella: todas las decisiones pasan por él, lo que ralentiza el avance y frustra a los programadores.

E. Beneficios de una dirección eficaz

Cuando la dirección se ejerce de forma adecuada, los efectos positivos son evidentes:

- **Claridad en el rumbo**, evitando que el equipo se disperse.
- **Mayor motivación y compromiso** por parte de los miembros.
- **Agilidad en la toma de decisiones**, lo que permite responder a imprevistos.
- **Mejor clima de trabajo**, gracias a la comunicación y la confianza.
- **Resultados de mayor calidad**, porque se integran adecuadamente los esfuerzos individuales.

Según investigaciones de la Harvard Business Review, los equipos con líderes que ejercen un estilo transformacional y participativo muestran mayores niveles de innovación, satisfacción y retención del talento que aquellos dirigidos de manera autoritaria o meramente transaccional.

La dirección cierra el ciclo de la **asignación de competencias**. Tras haber definido la coordinación, organizado los recursos humanos y planificado las tareas, es la dirección la que asegura que todo ello se ejecute con orden, motivación y capacidad de respuesta.

Fig. 13. La dirección es el motor que impulsa al equipo, garantizando que la planificación se convierta en resultados tangibles

3. Aplicación de técnicas de consenso

En los equipos de trabajo no siempre existe unanimidad. Las diferencias de opinión, de intereses o de prioridades son inevitables, y lejos de ser un obstáculo, pueden convertirse en una fuente de riqueza si se gestionan adecuadamente. La clave está en aplicar **técnicas de consenso** que permitan **llegar a acuerdos colectivos** sin que ninguna de las partes se sienta excluida o desvalorizada.

El **consenso** no significa que todos piensen igual o que se eliminen las diferencias, sino que el grupo logra una **decisión aceptable para la mayoría**, en la que las discrepancias se integran de forma constructiva. En otras palabras, el consenso busca que todos los miembros puedan decir: *"tal vez no es exactamente lo que yo proponía, pero puedo apoyarlo y comprometerme con ello"*.

Un equipo que sabe construir consensos es más **cohesionado, resiliente** y **productivo,** porque:

- Se reducen los conflictos y tensiones internas.
- Se favorece la cooperación y la confianza mutua.
- Las decisiones se perciben como más justas y legítimas.
- Aumenta el compromiso de los miembros con los acuerdos adoptados.
- Se aprovecha la diversidad de perspectivas, generando soluciones más completas.

Ejemplo

Un equipo de marketing debe decidir qué canal priorizar en la próxima campaña: televisión, redes sociales o radio. Cada subgrupo defiende su propuesta, pero mediante una técnica de consenso se establece un plan mixto que integra elementos de todas las opciones y satisface al conjunto.

A. Condiciones para lograr consenso

El consenso no surge de manera automática: requiere crear ciertas condiciones dentro del equipo para que las técnicas sean eficaces:

1. **Ambiente de respeto**: todas las opiniones deben ser escuchadas y valoradas.
2. **Transparencia en la información**: los miembros necesitan los mismos datos para deliberar.
3. **Facilitación neutral**: contar con una persona (líder o facilitador) que modere y ayude a equilibrar las voces.
4. **Tiempo suficiente**: apresurar las decisiones puede generar falsas apariencias de acuerdo.

Fig. 14. Los participantes deben estar dispuestos a aceptar acuerdos, aunque no sean idénticos a sus propuestas iniciales

Anotación

El consenso no significa ausencia de conflicto, sino capacidad de canalizarlo de manera constructiva. De hecho, los desacuerdos son valiosos porque aportan diferentes puntos de vista que enriquecen la decisión final.

B. Estrategias generales para alcanzar consenso

Aunque en los apartados posteriores se verán técnicas concretas (encuestas, entrevistas e informes), conviene destacar algunas estrategias generales que suelen aplicarse:

- **Definir criterios de decisión antes de debatir** (ejemplo: coste, impacto, viabilidad).
- **Escuchar activamente** a todos los miembros, sin interrupciones.
- **Parafrasear y resumir** lo dicho, para confirmar entendimiento común.
- **Explorar alternativas intermedias** cuando las posturas son muy opuestas.
- **Buscar el punto de coincidencia mínimo viable** que permita avanzar.
- **Documentar el acuerdo** para que quede constancia clara de lo decidido.

Ejemplo

Un equipo docente debe consensuar los criterios de evaluación de un curso. Unos priorizan la participación, otros los exámenes escritos. Tras deliberar, acuerdan una ponderación que incluye ambos aspectos. El consenso se formaliza en un documento compartido que servirá de referencia para todos.

C. Ventajas y riesgos del consenso

La aplicación de técnicas de consenso aporta múltiples beneficios, pero también puede conllevar ciertos riesgos si no se gestiona adecuadamente:

Ventajas	Riesgos
Mayor compromiso y motivación del equipo.	Procesos largos y demandantes de tiempo.
Integración de perspectivas diversas.	Riesgo de acuerdos superficiales para "salir del paso".
Reducción de conflictos posteriores.	Posible dominio de voces más influyentes.
Percepción de justicia y equidad.	Tendencia al conformismo o a evitar el debate.
Soluciones más completas y creativas.	Bloqueo si no se establecen mecanismos claros.

D. Beneficios de institucionalizar el consenso

Cuando un equipo convierte el consenso en parte de su cultura de trabajo:

- Se fortalece la cohesión grupal.
- Se crean rutinas de deliberación que agilizan futuras decisiones.
- Se aumenta la confianza en el liderazgo, al percibirse como inclusivo.
- Se desarrollan competencias transversales, como la negociación y la escucha activa.

 **Saber más**

En organizaciones de tipo cooperativo o en proyectos de innovación social, el consenso es la base del modelo de gobernanza. En estos entornos se utilizan metodologías como la sociocracia o la holocracia, que sistematizan procesos de deliberación y acuerdos colectivos.

Las estrategias vistas hasta aquí constituyen la base conceptual del consenso, pero su aplicación práctica exige **instrumentos concretos**. En este curso se abordarán tres de los más utilizados en contextos profesionales:

- **Encuestas**, para recoger de manera sistemática la opinión del grupo.
- **Entrevistas**, que permiten profundizar en las posturas individuales y detectar puntos de convergencia.
- **Informes**, como herramienta de síntesis y formalización de acuerdos.

3.1. Encuestas

Las **encuestas** son una de las herramientas más utilizadas para **recoger** de forma estructurada la opinión de los miembros de un equipo.

Fig. 15. Las encuestas permiten recopilar datos de manera rápida, uniforme y cuantificable, lo que facilita la identificación de patrones de pensamiento y la construcción de consensos basados en evidencias

En el contexto del trabajo en equipo, una encuesta no se limita a una herramienta estadística, sino que se convierte en un **mecanismo de participación** que otorga voz a todos los integrantes, evitando que las decisiones se tomen únicamente por quienes tienen mayor poder o visibilidad en las reuniones.

Las encuestas aplicadas al consenso cumplen varias funciones:

- **Recoger opiniones de manera anónima**, reduciendo el miedo a expresar discrepancias.
- **Identificar tendencias comunes** que pueden guiar la toma de decisiones.
- **Detectar divergencias significativas**, que luego podrán abordarse en entrevistas o debates.
- **Priorizar opciones** cuando existen varias alternativas posibles.
- **Evaluar el nivel de aceptación de una propuesta** antes de formalizar un acuerdo.

Ejemplo

Un equipo de diseño gráfico duda entre tres propuestas para el logotipo de un cliente. Se lanza una encuesta interna donde cada miembro valora las propuestas en una escala de 1 a 5. El análisis de resultados permite ver que, aunque hay diversidad, una de las opciones obtiene la puntuación más alta y se convierte en la base para el consenso.

A. Tipos de encuestas aplicables al consenso

Las encuestas pueden adoptar distintos formatos según el objetivo que se persiga:

- **Encuestas cerradas**: con preguntas de respuesta limitada (sí/no, opciones múltiples, escalas de Likert). Útiles para medir el nivel de acuerdo en torno a propuestas concretas.

- **Encuestas abiertas**: permiten respuestas libres, facilitando la expresión de matices o sugerencias. Se utilizan cuando interesa explorar diferentes perspectivas antes de reducir opciones.

- **Encuestas mixtas**: combinan preguntas abiertas y cerradas, lo que equilibra la recogida de datos cuantitativos y cualitativos.

Anotación

En equipos pequeños, una encuesta cerrada puede ser suficiente para priorizar opciones. En grupos más diversos o complejos, es recomendable usar encuestas mixtas, ya que permiten captar la riqueza de las opiniones.

B. Requisitos para una encuesta eficaz

Para que una encuesta contribuya realmente al consenso, debe cumplir ciertos criterios:

1. **Claridad en las preguntas**: formularlas de manera sencilla y comprensible.

2. **Neutralidad**: evitar preguntas sesgadas que orienten hacia una respuesta concreta.

3. **Brevedad**: limitar el número de preguntas para no fatigar a los participantes.

4. **Anonimato (cuando sea necesario)**: garantizar confidencialidad para obtener respuestas sinceras.

5. **Accesibilidad**: asegurar que todos los miembros puedan responder fácilmente (plataformas digitales, formularios impresos, etc.).

6. **Transparencia en los resultados**: compartir con el equipo las conclusiones de forma clara.

C. Herramientas para aplicar encuestas en equipos

Hoy en día, existen múltiples herramientas que facilitan la creación y distribución de encuestas:

- **Google Forms o Microsoft Forms**: sencillas y gratuitas, permiten preguntas variadas y análisis automático.
- **SurveyMonkey o Typeform**: más completas, con opciones de diseño y análisis avanzado.
- **Herramientas integradas en plataformas de trabajo colaborativo** (ej.: Slack, Teams, Trello, Asana), que permiten encuestas rápidas dentro del flujo de trabajo.
- **Encuestas presenciales**: con papel o notas adhesivas, útiles en dinámicas de grupo y talleres.

Herramienta	Ventaja principal	Limitación
Google Forms.	Gratuita y fácil de usar.	Análisis básico.
Typeform.	Diseño atractivo y experiencia interactiva.	Versión completa de pago.
SurveyMonkey.	Potente en estadísticas y reportes.	Complejidad para encuestas simples.
Encuesta presencial.	Favorece la interacción directa.	Difícil de sistematizar si hay muchas respuestas.

D. Beneficios y riesgos de las encuestas

Como técnica de consenso, las encuestas presentan fortalezas, pero también limitaciones si no se aplican correctamente:

- **Beneficios:**
    o Garantizan que todas las voces sean escuchadas.
    o Proporcionan datos objetivos y fáciles de comparar.
    o Ahorran tiempo al recopilar muchas opiniones de forma simultánea.
    o Permiten detectar tanto la mayoría como las minorías significativas.

- **Riesgos:**
    o Respuestas superficiales si no se diseñan bien las preguntas.
    o Posible baja participación si se perciben como irrelevantes.
    o Riesgo de interpretar los resultados como decisión final, cuando en realidad son un insumo para el consenso.

 Ejemplo

Un equipo de innovación utiliza una encuesta para decidir qué proyecto piloto lanzar. Aunque el 70% apoya una opción, el 30% restante señala riesgos importantes en los comentarios abiertos. El consenso final surge al integrar mejoras sugeridas por la minoría, en lugar de ignorarlas.

Las encuestas rara vez bastan por sí solas para generar consenso pleno. Suelen ser la **primera fase** de un proceso más amplio:

- Los resultados cuantitativos permiten **priorizar opciones**.
- Los comentarios abiertos pueden servir de base para **entrevistas**, que profundizan en posturas y preocupaciones.
- Finalmente, los acuerdos alcanzados pueden documentarse en **informes**, que dan formalidad y trazabilidad al consenso.

3.2. Entrevistas

Las **entrevistas** son una técnica de consenso orientada a profundizar en las percepciones, necesidades y posturas individuales de los miembros de un equipo.

Fig. 16. A diferencia de las encuestas, que ofrecen una visión amplia y cuantitativa, las entrevistas permiten explorar en detalle las motivaciones, preocupaciones y expectativas de cada persona, ayudando a identificar posibles puntos de convergencia o conflicto

En el contexto del trabajo en equipo, las entrevistas no solo sirven para recoger opiniones, sino también para **escuchar activamente** y generar confianza, mostrando que todas las voces cuentan en el proceso de toma de decisiones.

Las entrevistas cumplen varias funciones clave en la construcción de acuerdos:

- **Explorar en profundidad** las razones detrás de una postura u opinión.
- **Detectar intereses ocultos** o necesidades que no siempre se expresan en encuestas o reuniones.
- **Identificar coincidencias y discrepancias**, para luego facilitar la búsqueda de puntos comunes.
- **Generar confianza**, al ofrecer un espacio individual para expresarse sin presión del grupo.
- **Preparar negociaciones colectivas**, aportando insumos de calidad al debate grupal.

Ejemplo

Un equipo de docentes debe consensuar la metodología de evaluación de un curso. Tras una encuesta inicial, se realizan entrevistas individuales con algunos miembros para entender por qué rechazan cierto tipo de pruebas. La información obtenida revela preocupaciones legítimas sobre la equidad en la corrección, lo que permite diseñar un sistema más equilibrado.

A. Tipos de entrevistas aplicadas al consenso

Las entrevistas pueden adoptar diferentes modalidades según el objetivo:

- **Entrevistas estructuradas**: con un guion fijo de preguntas, útiles para comparar respuestas entre diferentes personas.

- **Entrevistas semiestructuradas**: combinan preguntas predefinidas con espacio para explorar temas emergentes.

Fig. 17. En procesos de consenso, las entrevistas semiestructuradas suelen ser las más eficaces: garantizan cierta homogeneidad en la información recogida, pero también permiten adaptarse a la singularidad de cada persona

- **Entrevistas abiertas**: sin guion rígido, centradas en dejar hablar al entrevistado con libertad.

B. Requisitos para una entrevista eficaz

Para que una entrevista aporte valor al consenso, deben cumplirse ciertas condiciones:

1. **Preparación previa**: definir los temas clave que se desean explorar.
2. **Neutralidad del entrevistador**: evitar influir en las respuestas con opiniones o juicios.

3. **Escucha activa**: mostrar interés, resumir y reformular lo expresado para confirmar comprensión.

4. **Confidencialidad**: garantizar que las respuestas no serán utilizadas en contra del entrevistado.

5. **Síntesis posterior**: elaborar un informe o matriz con los hallazgos principales, preservando el anonimato.

Ejemplo

En una empresa, al entrevistar a los miembros de un equipo de desarrollo, se descubrió que algunos se resistían a implementar una nueva herramienta por miedo a perder eficiencia en el corto plazo. Este hallazgo permitió diseñar un plan de capacitación gradual, facilitando el consenso.

C. Herramientas de apoyo a las entrevistas

Para organizar y analizar la información de las entrevistas, se pueden utilizar diferentes recursos:

- **Guion de preguntas**: documento base que asegura que se aborden todos los temas importantes.

- **Grabación (con consentimiento)**: útil para no perder matices, siempre respetando la confidencialidad.

- **Matrices de análisis cualitativo**: tablas donde se registran coincidencias y diferencias en las respuestas.

- **Software de análisis cualitativo** (NVivo, Atlas.ti, MAXQDA): permiten codificar y categorizar información.

Herramienta	Utilidad principal	Riesgo si no se usa bien
Guion de preguntas.	Mantener coherencia.	Entrevista dispersa.
Grabación (consentida).	Capturar detalles.	Posible desconfianza del entrevistado.
Matriz de análisis.	Comparar respuestas.	Sesgo del analista al resumir.
Software cualitativo.	Profundizar en patrones.	Excesiva complejidad si se abusa.

D. Beneficios y riesgos de las entrevistas

Como técnica de consenso, las entrevistas aportan ventajas significativas, pero también presentan limitaciones:

- **Beneficios:**
    - o Profundizan en la comprensión de los intereses reales de cada miembro.
    - o Favorecen la expresión libre, especialmente en personas que suelen callar en reuniones grupales.
    - o Ayudan a construir confianza interpersonal.
    - o Proporcionan insumos cualitativos de gran valor para el consenso.

- **Riesgos:**
    - o Consumen más tiempo que las encuestas.
    - o Pueden generar sesgo del entrevistador, si este no mantiene neutralidad.
    - o Riesgo de sobreinterpretar opiniones individuales como representativas del conjunto.
    - o Necesidad de sistematizar la información para que sea útil en la fase colectiva.

 **Saber más**

En dinámicas de facilitación de grupos, se utiliza a menudo la técnica de la entrevista apreciativa (Appreciative Inquiry), que centra las preguntas en las fortalezas y logros pasados, lo que genera un clima positivo y constructivo para alcanzar consensos.

Las entrevistas funcionan mejor cuando se combinan con otras técnicas de consenso:
- Después de una **encuesta**, ayudan a comprender los motivos detrás de los resultados.
- Antes de un **informe**, aportan testimonios y perspectivas que enriquecen la síntesis final.
- Durante un proceso de consenso complejo, sirven para **dar voz a minorías** que podrían quedar invisibles en votaciones colectivas.

3.3. Informes

Los **informes** son documentos de síntesis que recogen, estructuran y presentan la información obtenida en las fases previas del proceso de consenso (encuestas, entrevistas, debates, observaciones).

Fig. 18. La función principal del informe es transformar un conjunto disperso de opiniones en un material organizado y comprensible, que sirva de base para la toma de decisiones y para la formalización de acuerdos

En el contexto del trabajo en equipo, el informe no es solo un registro escrito: es una **herramienta de transparencia y legitimidad**, ya que permite que todos los miembros conozcan los argumentos considerados, las alternativas evaluadas y las razones que sustentan el acuerdo alcanzado.

Los informes aplicados a la construcción de consenso cumplen varias funciones clave:

- **Documentar las opiniones** recogidas en encuestas, entrevistas o reuniones.
- **Identificar los puntos de acuerdo** y los principales disensos.
- **Ofrecer un análisis objetivo** de las alternativas valoradas.
- **Facilitar la toma de decisiones colectivas**, proporcionando datos claros y organizados.
- **Dar seguimiento y trazabilidad**, asegurando que las decisiones puedan revisarse y evaluarse posteriormente.

Tras una serie de entrevistas y encuestas para definir la política de teletrabajo de una empresa, el informe recoge que el 80% del personal prefiere un modelo híbrido de dos días en remoto y tres en oficina, mientras que una minoría solicita mayor flexibilidad. Este documento sirve de base para que la dirección formalice la política consensuada.

A. Estructura básica de un informe de consenso

Aunque cada organización puede adaptar el formato, un informe efectivo suele incluir:

1. **Introducción**: contexto del proceso y objetivos del informe.
2. **Metodología**: descripción de las técnicas utilizadas (encuestas, entrevistas, reuniones).
3. **Resultados**: síntesis de las opiniones recogidas, con datos y citas representativas.
4. **Análisis**: identificación de patrones, coincidencias y divergencias.
5. **Opciones consideradas**: alternativas debatidas y criterios de evaluación.
6. **Conclusiones**: resumen de los acuerdos y del nivel de consenso alcanzado.
7. **Recomendaciones**: propuestas para la implementación y próximos pasos.

Los tipos de informes aplicables al consenso son:

- **Informes descriptivos**: recogen datos y opiniones sin interpretarlos en exceso, dejando la valoración al equipo.
- **Informes analíticos**: además de describir, analizan tendencias y proponen interpretaciones.
- **Informes ejecutivos**: síntesis breve dirigida a la toma de decisiones rápidas.
- **Informes comparativos**: presentan las ventajas e inconvenientes de cada alternativa evaluada.

Anotación

La elección del tipo de informe depende del nivel de detalle requerido y del destinatario: no es lo mismo un informe para uso interno del equipo que uno dirigido a la dirección de la organización.

B. Herramientas para elaborar informes

Elaborar un informe de consenso requiere métodos y herramientas que faciliten la sistematización:

- **Hojas de cálculo**: útiles para organizar y cuantificar resultados de encuestas.
- **Procesadores de texto**: permiten redactar y dar formato a los informes.
- **Software de análisis cualitativo** (NVivo, Atlas.ti): ayuda a categorizar respuestas de entrevistas.
- **Plantillas estandarizadas**: aseguran homogeneidad en los informes de distintos proyectos.
- ***Dashboards* o cuadros de mando**: útiles cuando se quiere presentar datos en tiempo real.

Herramienta	Utilidad	Riesgo si no se aplica bien
Hojas de cálculo.	Análisis numérico.	Resultados confusos sin visualización adecuada.
Procesadores de texto.	Redacción clara y estructurada.	Informes extensos y poco prácticos.
Software cualitativo.	Organización de datos complejos.	Excesiva dependencia de la técnica.
Dashboards.	Visualización atractiva y rápida.	Superficialidad si se omite el análisis cualitativo.

C. Beneficios y riesgos de los informes

Con respecto a sus beneficios y riesgos:

- **Beneficios:**
  o Generan transparencia en los procesos de toma de decisiones.
  o Facilitan la memoria organizacional, permitiendo consultar acuerdos pasados.
  o Proporcionan una base objetiva para las decisiones.
  o Refuerzan la confianza en el liderazgo, al mostrar que se consideraron todas las voces.

- **Riesgos:**
  o Si son demasiado extensos, pueden ser ignorados por el equipo.
  o Riesgo de sesgo del redactor, que podría priorizar ciertas opiniones.
  o Pueden percibirse como un trámite burocrático si no se vinculan claramente a la toma de decisiones.

Ejemplo

En una organización no gubernamental, un informe sobre prioridades de proyectos comunitarios mostró que la mayoría prefería invertir en programas de salud, mientras que un grupo defendía programas educativos. El consenso final fue asignar recursos proporcionales a ambos, decisión sustentada en la evidencia recogida y documentada.

El informe constituye la **fase de síntesis** en la aplicación de técnicas de consenso. Tras recopilar datos mediante encuestas e indagar a fondo en entrevistas, el informe transforma la información en un producto colectivo que:

- Resume el proceso seguido.
- Expone las bases del acuerdo.
- Formaliza el consenso alcanzado.

Fig. 19. El informe no es solo un documento final, sino un instrumento de legitimidad y memoria que consolida la cohesión del equipo

Resumen

El trabajo en equipo constituye una de las competencias esenciales en cualquier organización moderna. No se trata únicamente de reunir personas para realizar tareas, sino de coordinar esfuerzos, roles y recursos con el fin de alcanzar objetivos comunes de manera eficiente. Para lograrlo, es necesario organizar las actividades de forma estructurada, asignar responsabilidades claras y establecer mecanismos que garanticen la cooperación y la cohesión grupal.

La organización del trabajo en equipo implica diseñar procedimientos que guíen cómo se llevan a cabo las tareas o funciones. Estos procedimientos establecen pasos claros y secuenciales que permiten mantener la calidad, reducir errores y garantizar la coherencia en la ejecución. Una buena organización también prevé mecanismos de control, retroalimentación y mejora continua, de modo que el aprendizaje del equipo se incorpore a futuros proyectos.

La asignación de competencias es otro aspecto central. Cada miembro del equipo debe tener definido su papel, sus responsabilidades y su grado de autonomía. Esto evita solapamientos, vacíos de responsabilidad o conflictos innecesarios. La asignación se apoya en cuatro pilares: la coordinación, que asegura que las tareas encajen entre sí; la organización de los recursos humanos, que distribuye el talento y equilibra cargas de trabajo; la planificación, que ordena las actividades en tiempos y secuencias; y la dirección, que proporciona liderazgo, motivación y capacidad de toma de decisiones. Cuando estos elementos se combinan de forma coherente, el equipo funciona como un engranaje bien ajustado.

Otro componente clave es la aplicación de técnicas de consenso, indispensables para tomar decisiones colectivas y mantener la cohesión del grupo. El consenso no exige unanimidad absoluta, sino alcanzar acuerdos en los que todos los miembros se sientan escuchados y estén dispuestos a comprometerse. Entre las técnicas más utilizadas se encuentran las encuestas, que permiten recoger opiniones de forma rápida y cuantificable; las entrevistas, que exploran en profundidad las motivaciones individuales; y los informes, que sintetizan la información y formalizan los acuerdos alcanzados. Estas herramientas, combinadas, favorecen decisiones más inclusivas, transparentes y legítimas.

En conjunto, este módulo muestra que trabajar en equipo va mucho más allá de la suma de esfuerzos individuales. Requiere organización, asignación inteligente de competencias y mecanismos efectivos de consenso. Cuando estos elementos se aplican adecuadamente, el equipo no solo mejora su rendimiento, sino que también genera un clima de cooperación, confianza y compromiso, fundamentales para afrontar los retos actuales en cualquier entorno profesional.

Glosario

Clima de trabajo

Ambiente psicológico y social dentro de un equipo, influido por la comunicación, el liderazgo, la equidad en la distribución de tareas y el nivel de confianza.

Conflicto

Situación de discrepancia entre miembros del equipo, que puede tener efectos negativos si no se gestiona o convertirse en motor de mejora si se canaliza adecuadamente.

Consenso

Acuerdo alcanzado colectivamente en el que la mayoría de los miembros se comprometen, aunque no coincidan plenamente en todos los puntos.

Coordinación

Mecanismo que sincroniza tareas, personas y recursos para que encajen entre sí y se logren los objetivos colectivos sin duplicación ni retrasos.

Dependencias

Relaciones entre tareas que determinan qué actividades deben completarse antes de iniciar otras.

Dirección

Función que guía, supervisa y motiva al equipo, garantizando que las tareas planificadas se ejecuten y que se mantenga la cohesión y la orientación hacia los objetivos.

Encuesta

Técnica de recogida de información que permite obtener opiniones de los miembros de un equipo mediante preguntas estructuradas, abiertas o cerradas.

Entrevista

Conversación planificada que busca profundizar en las percepciones, motivaciones o preocupaciones individuales de los miembros de un equipo.

Estilos de dirección

Diferentes formas de ejercer liderazgo, como el directivo (control), participativo (involucración), delegativo (autonomía) o transformacional (inspiración y cambio).

Hito

Punto clave dentro de un plan de trabajo que marca un logro intermedio importante y permite evaluar el progreso del proyecto.

Informe

Documento de síntesis que organiza los datos recogidos en encuestas, entrevistas u observaciones y presenta conclusiones y recomendaciones para la toma de decisiones.

Matriz RACI

Herramienta de asignación de responsabilidades que define quién es Responsable, quién Aprueba, quién es Consultado y quién debe ser Informado en una tarea.

Organización del trabajo

Proceso de estructurar tareas, roles, tiempos y recursos de un equipo para lograr mayor eficiencia y coherencia en los resultados.

Planificación

Actividad de ordenar tareas en secuencia, asignar plazos, establecer prioridades y prever recursos para asegurar que un proyecto avance de manera eficiente.

Procedimiento

Conjunto de pasos definidos que guían la realización de una tarea o función, garantizando uniformidad, calidad y control en su ejecución.

Recursos humanos (RR. HH.)

Conjunto de personas que forman parte de un equipo o proyecto, cuyas competencias, experiencias y motivaciones deben organizarse adecuadamente.

Retroalimentación

Proceso mediante el cual se transmiten comentarios sobre el desempeño o los resultados de una tarea, con el fin de mejorar futuros procesos.

Trabajo en equipo

Forma de organización en la que varias personas colaboran de manera coordinada para alcanzar un objetivo común, integrando sus competencias y responsabilidades.

Ejercicios de autoevaluación

1. La organización del trabajo en equipo busca principalmente:

    a. Reducir el número de miembros del equipo.

    b. Aumentar el control del líder sobre los demás.

    c. Evitar cualquier tipo de conflicto.

    d. Coordinar tareas, roles y recursos para alcanzar objetivos comunes.

2. ¿Qué elemento NO es esencial en la organización del trabajo en equipo?

    a. Definición de responsabilidades.

    b. Sincronización temporal.

    c. Comunicación fluida.

    d. Competencia individual sin interacción.

3. Un procedimiento dentro de un equipo sirve para:

    a. Promover la improvisación.

    b. Establecer pasos claros para realizar una tarea o función.

    c. Eliminar cualquier tipo de supervisión.

    d. Delegar todas las decisiones en el líder.

4. ¿Qué herramienta se utiliza habitualmente para clarificar quién ejecuta, aprueba, consulta e informa en una tarea?

    a. Diagrama de flujo.

    b. Matriz RACI.

    c. Cronograma de Gantt.

    d. Método Kanban.

5. El consenso en un equipo implica:

a. Que todos estén 100% de acuerdo.

b. Que las decisiones se tomen por mayoría simple.

c. Que se alcance un acuerdo aceptable y compartido por la mayoría.

d. Que el líder decida en caso de duda.

6. En un procedimiento, la fase de "retroalimentación" busca:

a. Archivar la documentación sin más.

b. Detectar mejoras y registrar incidencias para el futuro.

c. Cerrar el proyecto definitivamente.

d. Aumentar los plazos de entrega.

7. Un riesgo frecuente en la coordinación de equipos es:

a. El solapamiento de tareas entre varios miembros.

b. El exceso de motivación.

c. La claridad en la comunicación.

d. La fijación de objetivos medibles.

8. Una de las ventajas de organizar bien los recursos humanos es:

a. Reducir al mínimo la interacción entre miembros.

b. Evitar la formación continua.

c. Aprovechar las competencias individuales de manera óptima.

d. Priorizar solo los perfiles técnicos frente a los sociales.

9. ¿Qué principio debe guiar la planificación del trabajo en equipo?

a. El equilibrio entre realismo y flexibilidad.

b. La inflexibilidad absoluta.

c. La improvisación constante.

d. La centralización en una sola persona.

10. ¿Cuál de los siguientes NO es un estilo de dirección reconocido en equipos de trabajo?

    a. Directivo.
    b. Participativo.
    c. Transformacional.
    d. Desvinculativo.

Módulo 3. Solución de problemas

Introducción

En cualquier entorno profesional, los problemas constituyen una constante que afecta a la dinámica del trabajo y a la consecución de objetivos. Estos pueden surgir por factores internos —como fallos en la comunicación, errores en la planificación o falta de coordinación—, o por factores externos —como cambios del mercado, imprevistos tecnológicos o incidencias en la cadena de suministro—. Ante estas situaciones, resulta imprescindible contar con la capacidad de identificar, analizar y resolver problemas de forma eficaz, aplicando un proceso estructurado que permita no solo reaccionar, sino también prevenir y reducir la probabilidad de que vuelvan a producirse.

Este módulo ofrece al alumnado las herramientas necesarias para desarrollar un pensamiento crítico y analítico, identificar las causas raíz de los problemas y plantear alternativas viables de solución. Asimismo, se trabajará la importancia de la toma de decisiones fundamentadas, la evaluación de los resultados y la implantación de soluciones sostenibles en el tiempo. Todo ello contribuirá a fortalecer la autonomía, la capacidad de respuesta y la eficacia en la gestión de proyectos y equipos de trabajo.

Objetivos

- Reconocer e identificar problemas en diferentes contextos profesionales, diferenciando entre síntomas y causas.
- Analizar de manera crítica las causas que originan los problemas, aplicando metodologías de diagnóstico adecuadas.
- Definir objetivos claros y realistas para la resolución de problemas.
- Desarrollar e interpretar hipótesis de solución, describiendo hechos y planteando líneas de actuación.
- Evaluar alternativas de solución a partir de criterios de eficacia, viabilidad y sostenibilidad.
- Tomar decisiones fundamentadas, implantando las soluciones seleccionadas y supervisando su desarrollo.
- Controlar y valorar la implantación de las soluciones, midiendo resultados y corrigiendo desviaciones.
- Adoptar una actitud proactiva en la búsqueda de soluciones, evitando la escalada de los problemas y contribuyendo a la mejora continua del equipo y de la organización.

1. Identificación de problemas y buscar soluciones

Identificar un **problema** con precisión es la mitad de su solución. En gestión, un problema no es "algo que molesta", sino la **brecha verificable** entre un resultado esperado y un resultado obtenido.

Fig. 1. La identificación rigurosa evita confundir síntomas con causas, delimita el alcance y orienta la búsqueda de soluciones que sean viables y sostenibles

Un problema se define como una **desviación** respecto a un estándar, objetivo o requisito. Conviene diferenciar:

- **Síntoma:** señal observable (retrasos, colas, reprocesos, quejas) que indica que "algo" no funciona como debería.
- **Causa (posible):** factor que explica la desviación (falta de personal crítico, cuellos de botella, especificaciones ambiguas).
- **Oportunidad de mejora:** brecha entre el rendimiento actual y un potencial rendimiento superior aun cuando se cumplan mínimos.

En entornos con alta variabilidad, la línea entre problema y variación normal puede difuminarse. Por ello, se requiere **evidencia** (datos, registros, observaciones) y no solo percepciones.

A. Detección: dónde "aparecen" los problemas

Antes de proponer nada, se localizan señales en diferentes fuentes. A continuación, se presenta una tabla que organiza fuentes de detección con ejemplos de señales frecuentes y herramientas de apoyo:

Fuente de detección	Señales habituales	Herramientas de apoyo
Datos operativos (KPIs)	Caída del nivel de servicio, aumento del tiempo de ciclo, roturas de stock.	Cuadros de mando, control de variaciones, registros de proceso.
Cliente/usuario	Quejas, devoluciones, baja satisfacción, NPS a la baja.	Análisis de quejas, entrevistas, mapas de experiencia.
Personas y equipos	Sobrecarga, tareas duplicadas, "apagar fuegos" constante.	Observación directa, *gemba walk*, diarios de actividad.
Procesos	Retrabajo, pasos sin valor, esperas.	Diagramas de flujo, SIPOC, mapeo de valor.
Tecnología	Incidencias recurrentes, caídas, errores.	Logs, tickets, categorización de fallos.
Cumplimiento	No conformidades, auditorías desfavorables.	Listas de verificación, planes de acción de auditoría.

 Ejemplo

Un servicio posventa detecta que el tiempo medio de respuesta ha pasado de 8 a 14 horas en dos semanas. El síntoma salta en el panel de KPIs y se confirma con más devoluciones y quejas. Aún no se asume ninguna causa; se abre expediente de análisis con evidencias.

B. Delimitación y marco del problema

Antes de pensar en soluciones, se debe **encuadrar** el problema:

- **Descripción clara:** qué sucede, desde cuándo, dónde, a quién afecta, con qué magnitud.
- **Alcance (*in/out*):** qué se incluye y qué no (proceso, turnos, sedes, canales).
- **Criterios de éxito provisionales:** qué métrica cambiaría y en cuánto (por ejemplo, reducir el tiempo de respuesta de 14 h a ≤ 9 h).
- ***Stakeholders*:** quiénes se ven afectados y quiénes deben participar.

Una **ficha de problema** con estos campos evita discusiones estériles y mantiene el foco.

Saber más

Enmarcar bien el problema se beneficia de plantillas como "Quién–Qué–Dónde–Cuándo–Cuánto–Impacto" o del formato de declaración del problema ("El [proceso X] en [lugar] presenta [desviación cuantificada] desde [fecha] afectando a [usuarios] con un impacto de [métrica]").

C. Priorización: decidir qué atacar primero

Rara vez aparece un solo problema. Se prioriza para dirigir recursos limitados. A continuación, se presenta un conjunto de **criterios prácticos** y marcos sencillos:

- **Impacto × Probabilidad:** primero lo que más duele y es más probable.
- **Gravedad–Urgencia–Tendencia (GUT):** puntuar de 1 a 5 cada componente para ordenar.
- **ICE (*Impact, Confidence, Ease*):** útil para filtrar mejoras rápidas (*quick wins*).
- **Coste de no actuar:** riesgos reputacionales, legales o de seguridad que obligan a intervenir.

Fig. 2. La transparencia en la priorización mejora la aceptación: publicar la matriz o los criterios reduce sesgos y discusiones

D. Evidencias y línea base

Se recopilan **datos antes de intervenir** para disponer de una **línea base**:

- Métricas cuantitativas (tiempos, calidad, coste, demanda, capacidad).
- Evidencias cualitativas (observaciones, entrevistas, capturas, registros).
- Condiciones del contexto (picos estacionales, ausencias, cambios de *software*).

Esto permitirá valorar luego si una solución funciona o si la mejora es casual.

E. Hipótesis iniciales

Formular **hipótesis** ayuda a orientar la exploración, sin confundirlas con conclusiones:

- Hipótesis de **causa**: "El incremento de tiempos podría relacionarse con la reasignación de horarios y una cola mal configurada".
- Hipótesis de **vía de solución**: "Redistribuir casos por habilidades y ajustar horarios podría reducir esperas".

Se registran para ser **contrastadas** más adelante; aquí no se decide ni se implanta.

F. Búsqueda inicial de soluciones: pensamiento divergente y convergente

Antes de entrar en métodos formales de resolución, conviene abrir el abanico de opciones y definir criterios de diseño:

1. **Pensamiento divergente:** generar alternativas sin juzgar (co-creación con equipo, lluvia de ideas, *benchmarking* interno/externo, análisis de restricciones).
2. **Pensamiento convergente:** prefiltrar opciones con **criterios** básicos: alineación con objetivos, **viabilidad** (técnica y operativa), riesgo, coste aproximado, **tiempo de implantación**.

Ejemplo

Ante la caída del nivel de servicio, el equipo propone ideas:
* Reconfigurar la asignación por habilidades.
* Ventana "rápida" para incidencias simples.
* Mensajería proactiva con información y autoservicio.
* Refuerzo temporal en el pico horario.

Luego se prefiltra con criterios de impacto esperado y facilidad de despliegue para construir una *shortlist* que se analizará en detalle más adelante.

G. Criterios de éxito y restricciones

Se definen desde el inicio para no "perseguir soluciones" sin rumbo:

* **Criterios de éxito**: mejora cuantificada en la métrica clave (por ejemplo, ≤ 9 h de respuesta, mantener satisfacción ≥ 4/5).

* **Restricciones**: presupuesto, normativa, seguridad, continuidad de negocio, ventanas de cambio, carga de trabajo.

Fig. 3. Un buen criterio de éxito es específico y medible; evita el "funciona mejor" y obliga a objetivar

H. Gestión de riesgos

Antes de enamorarse de una idea, se anticipan **riesgos**: "Si esta solución fracasa dentro de tres meses, ¿qué habrá salido mal?". Se listan impedimentos plausibles (dependencias tecnológicas, resistencia al cambio, curva de aprendizaje) y **condiciones de contorno** para mitigarlos. Esto orienta la fase posterior de análisis.

I. Comunicación y registro

Se establece un circuito mínimo:

- **Registro** de problemas con estado y responsable.
- **Comunicación** de avances a *stakeholders* con periodicidad acordada.
- **Trazabilidad** de decisiones (qué se descartó y por qué).

Este hábito construye **cultura de no culpabilización** y aprendizaje organizativo.

J. Mini–*checklist* para cerrar la identificación

Antes de pasar a la resolución formal, conviene verificar lo siguiente:

- El problema está descrito y acotado (qué, cuánto, dónde, desde cuándo, a quién afecta).
- Existe línea base y evidencias suficientes.
- Se han identificado *stakeholders* clave y su papel.
- Hay criterios de éxito provisionales y restricciones claras.
- Se ha realizado una priorización transparente.
- Se dispone de una *shortlist* de soluciones potenciales para analizar a fondo en la siguiente sección.

Saber más

Marcos como PDCA, DMAIC o 8D estructuran las fases de identificación, análisis, implantación y control.

1.1. Resolución de problemas

La **resolución de problemas** es el proceso estructurado mediante el cual se identifican causas, se diseñan alternativas, se toman decisiones y se implantan soluciones de manera eficaz. No se trata solo de apagar fuegos, sino de **transformar** una situación indeseada en una oportunidad de mejora, garantizando que el mismo problema no reaparezca en el futuro.

Fig. 4. El enfoque debe combinar rigor analítico con pragmatismo operativo, permitiendo actuar con datos, pero también avanzar con la flexibilidad necesaria para adaptarse a entornos cambiantes

A. Etapas del proceso de resolución de problemas

Para comprender el ciclo completo, conviene desglosar las principales fases. Estas no siempre se presentan de forma lineal, pero sirven como guía estructurada:

1. **Definición y comprensión del problema:**
   o Redactar una declaración clara: qué ocurre, dónde, desde cuándo y con qué impacto.
   o Distinguir entre síntomas superficiales y causas subyacentes.

2. **Análisis de causas raíz:**
   o Identificar factores que generan el problema mediante herramientas como el diagrama de Ishikawa (causa-efecto) o los 5 porqués.
   o Evitar culpar a personas; el análisis debe centrarse en procesos y sistemas.

3. **Generación de alternativas:**
   o Emplear técnicas creativas (lluvia de ideas, benchmarking, análisis comparativo).
   o No descartar ideas prematuramente; se busca cantidad antes que calidad inicial.

4. **Evaluación de soluciones:**
   o Comparar alternativas con criterios como impacto esperado, coste, facilidad de implantación, riesgos y sostenibilidad.
   o Herramientas como la matriz de decisión ponderada ayudan a objetivar la elección.

5. **Selección y toma de decisiones:**
   o Definir la opción prioritaria y una o dos secundarias de respaldo.
   o Asignar responsables y plazos de ejecución.

6. **Implantación y control:**
   o Poner en práctica la solución con un plan detallado (qué, quién, cómo, cuándo).
   o Monitorizar indicadores para confirmar mejoras.

7. Evaluación y aprendizaje:

o Analizar resultados frente a la línea base.

o Documentar aprendizajes para que sirvan de referencia futura.

Un centro de atención telefónica detecta que un 25 % de las llamadas no se atienden en los primeros 30 segundos. Tras aplicar la técnica de los 5 porqués, se descubre que la verdadera causa no es la falta de personal, sino la mala configuración de las colas de llamadas. La solución se enfoca en la reconfiguración del sistema y en formación del personal de soporte técnico, reduciendo el problema al 8 % en dos semanas.

B. Herramientas prácticas de resolución de problemas

En la práctica, la resolución se apoya en herramientas visuales y analíticas que simplifican la comprensión de situaciones complejas. Entre las más utilizadas destacan:

- **Diagrama de Ishikawa (espina de pescado):** organiza causas en categorías (métodos, personas, materiales, máquinas, entorno).

- **Técnica de los 5 porqués:** sucesión de preguntas "¿por qué?" hasta llegar a la causa raíz.

- ***Brainstorming* estructurado:** sesiones de ideas en las que se prohíbe criticar durante la fase de generación.

- **Matriz de impacto-esfuerzo:** ayuda a priorizar soluciones entre rápidas, complejas, estratégicas o descartables.

- **Diagramas de flujo o SIPOC:** clarifican cómo fluye el proceso y en qué puntos exactos se bloquea.

Fig. 5. Ninguna herramienta garantiza por sí sola una solución; su valor reside en estructurar el pensamiento y fomentar la participación del equipo

C. Factores que favorecen la eficacia en la resolución

La calidad del proceso depende no solo de las técnicas, sino también de las **condiciones culturales y organizativas**. Entre los factores críticos se incluyen:

- **Claridad en la comunicación:** evitar ambigüedades y documentar cada paso.
- **Colaboración transversal:** integrar áreas distintas para enriquecer el análisis.
- **Mentalidad de mejora continua:** no buscar culpables, sino aprendizajes.
- **Gestión emocional:** manejar la presión y el estrés sin precipitar decisiones.
- **Compromiso directivo:** asegurar apoyo de la dirección para implantar cambios.

Ejemplo

En una planta de producción se detectan errores frecuentes en el etiquetado. La dirección inicialmente piensa en sancionar al personal, pero un análisis transversal revela que el problema estaba en el *software* de impresión. La solución se logra con una actualización y pruebas piloto, evitando desgaste emocional y reforzando la confianza del equipo.

D. Criterios de éxito de una solución

Una solución se considera eficaz cuando cumple simultáneamente con varios criterios:

- Resuelve la causa raíz, no solo el síntoma.

- Mejora indicadores clave (tiempo, calidad, satisfacción, coste).
- Es sostenible en el tiempo sin generar nuevos problemas.
- Es aceptada por quienes la implementan y la viven día a día.
- Se documenta para que otros puedan replicar el aprendizaje.

E. Resolución de problemas en equipo

Aunque algunas decisiones pueden tomarse de forma individual, la mayoría de los problemas complejos requieren un **enfoque colaborativo**. El trabajo en equipo aporta diferentes perspectivas y reduce sesgos. Para que sea efectivo, conviene:

- Nombrar un facilitador que guíe la dinámica.
- Asegurar la participación equilibrada de todos los miembros.
- Usar técnicas de consenso para evitar imposiciones.
- Registrar acuerdos y responsables.

 Saber más

Metodologías como Lean Six Sigma (DMAIC) o Kaizen aplican estos principios en marcos estructurados, muy utilizados en industrias, pero adaptables a sectores de servicios y gestión.

F. Obstáculos habituales en la resolución de problemas

No basta con conocer las fases; hay que estar alerta a los obstáculos que suelen comprometer la eficacia:
- **Saltarse fases:** implantar soluciones rápidas sin analizar causas.
- **Sesgos cognitivos:** creer que la primera explicación es la correcta.
- **Resistencia al cambio:** temor de empleados a perder hábitos o estabilidad.
- **Falta de datos:** decisiones basadas solo en percepciones.
- **Exceso de complejidad:** diseñar soluciones más costosas que el propio problema.

Ejemplo

Una organización decide "resolver" el problema de bajas ventas invirtiendo en publicidad masiva. Sin embargo, el análisis posterior muestra que la causa raíz era la baja calidad del servicio posventa. La medida adoptada fue costosa y poco eficaz, por no haberse profundizado en la verdadera causa.

La resolución de problemas es una competencia esencial que combina **análisis, creatividad y disciplina organizativa**. Un enfoque estructurado permite transformar los problemas en oportunidades de aprendizaje y mejora continua.

Fig. 6. Con una cultura de análisis objetivo, participación en equipo y compromiso con la implantación, las organizaciones pueden fortalecer su resiliencia frente a desafíos futuros

2. Análisis de las causas que ocasionan problemas

Un error muy frecuente en la gestión de problemas es **confundir síntomas con causas**. El síntoma es la señal visible de que algo no está funcionando como debería; la causa es el **origen real** que provoca ese síntoma. Si solo se actúa sobre el síntoma, el problema reaparece con el tiempo, a menudo con mayor intensidad.

En términos simples:

- **Síntoma** = manifestación del problema.
- **Causa** = raíz que lo genera.

Ejemplo

Si en una empresa los clientes se quejan de retrasos en las entregas, la queja es un síntoma. La causa puede estar en un error de planificación de rutas, falta de stock, baja motivación del personal, o incluso un sistema informático desactualizado. Si únicamente se responde disculpándose con los clientes o reforzando el turno un par de días, el síntoma disminuye temporalmente, pero el problema reaparece porque la causa raíz sigue intacta.

Diferenciar síntomas de causas es fundamental por tres razones principales:

1. **Evita soluciones superficiales.** Atacar el síntoma es como "tapar una fuga con cinta adhesiva": no soluciona la avería de fondo.

2. **Ahorra recursos.** Invertir en soluciones rápidas pero ineficaces multiplica el coste total a medio y largo plazo.

3. **Favorece la mejora continua.** Al identificar causas profundas, se aprenden lecciones aplicables a otros procesos o áreas de la organización.

En la práctica, los síntomas funcionan como "luces de advertencia" que indican la existencia de un problema, pero nunca deben tomarse como la explicación en sí mismos. A continuación, se muestra una tabla comparativa que permite visualizar las diferencias más claras entre síntomas y causas:

Aspecto	Síntomas	Causas
Definición.	Señales visibles que alertan de que existe un problema.	Factores internos o externos que originan el problema.
Nivel de profundidad.	Superficial, lo que se percibe fácilmente.	Profundo, requiere análisis e investigación.
Temporalidad.	Puede variar de forma repentina (aparece y desaparece).	Permanece hasta que se actúa directamente sobre ella.
Ejemplo en logística.	Retraso en entregas.	Errores de planificación de rutas o falta de personal.
Ejemplo en atención al cliente.	Quejas frecuentes.	Falta de formación del personal o procesos lentos.
Acción necesaria.	Señalar y registrar.	Investigar, validar y corregir.

Un buen modo de comprender esta diferencia es compararlo con la **medicina**:

- La fiebre es un **síntoma**. Indica que algo no va bien en el organismo.
- La infección es la **causa**. Si no se trata, la fiebre regresará.

De la misma forma, en una organización, **la rotación de personal** puede ser un síntoma. La causa puede encontrarse en salarios poco competitivos, falta de reconocimiento, excesiva carga laboral o un liderazgo deficiente.

 Anotación

Para el análisis de problemas, los síntomas son el punto de partida, pero nunca el punto final. Reconocerlos es importante para orientar la investigación, pero la verdadera eficacia radica en llegar hasta las causas que los originan.

Una vez comprendida la diferencia entre **síntomas y causas**, el siguiente paso es clasificar los tipos de causas más frecuentes en los problemas organizacionales. Esta clasificación permite al equipo de trabajo ampliar la mirada y no limitarse a una única explicación, ya que los problemas suelen tener un **origen multifactorial**.

Fig. 7. En la práctica, es habitual que un mismo problema combine varias causas de distinta naturaleza: por ejemplo, un fallo tecnológico puede verse amplificado por una falta de formación del personal, y todo ello agravado por una política de comunicación deficiente

A. Causas humanas

Relacionadas con el **factor humano**, es decir, con las personas que participan en el proceso. Pueden derivar de:

- Errores de ejecución por despiste, fatiga o falta de concentración.

- Escasa formación o experiencia en la tarea asignada.
- Motivación insuficiente, falta de reconocimiento o clima laboral negativo.
- Problemas de comunicación interpersonal, que generan malentendidos y conflictos.

En un almacén, un operario coloca productos en una zona incorrecta. El síntoma es la entrega fallida al cliente, pero la causa es la falta de capacitación en el uso del nuevo sistema de etiquetado.

B. Causas de proceso

Provienen de la forma en que está diseñado o gestionado un proceso:

- Procedimientos poco claros o inexistentes.
- Pasos duplicados o innecesarios.
- Falta de controles intermedios para detectar errores.
- Secuencia de tareas ineficiente.

En la tramitación de pedidos, se duplican validaciones porque no existe un flujo de trabajo digitalizado. El problema no es la "lentitud del personal", sino la ineficiencia del proceso.

C. Causas tecnológicas

Se refieren al uso de sistemas, herramientas y recursos técnicos:

- Fallos en *software* o *hardware*.
- Baja compatibilidad entre aplicaciones.
- Equipos obsoletos que reducen la productividad.

- Ausencia de mantenimiento preventivo.

Ejemplo

Una clínica no puede atender citas porque el sistema informático colapsa los lunes. El síntoma es la cola de pacientes; la causa está en un servidor con capacidad insuficiente y sin actualizaciones.

D. Causas estructurales u organizativas

Relacionadas con la forma en que se organiza la empresa:

- Jerarquías excesivamente rígidas o, por el contrario, falta de claridad en roles.
- Deficiencias en la planificación y asignación de recursos.
- Políticas contradictorias o poco coherentes con los objetivos.
- Ausencia de liderazgo o de canales de coordinación entre áreas.

Ejemplo

En una empresa de transporte, el área de logística y el área comercial no comparten información. Resultado: se ofrecen plazos de entrega imposibles. El síntoma son las quejas de clientes; la causa es la falta de coordinación interdepartamental.

E. Causas externas

Son aquellas que la organización no controla directamente, aunque sí puede prever o mitigar:

- Cambios normativos o legales.
- Variaciones en la demanda por factores sociales, económicos o de mercado.
- Fenómenos climáticos o desastres naturales.
- Movimientos de la competencia.

Ejemplo

Una empresa agrícola no puede entregar a tiempo por una tormenta que afectó las carreteras. Aunque no puede evitar el fenómeno, sí puede prever planes de contingencia como rutas alternativas o acuerdos con proveedores cercanos.

A continuación, se presenta una síntesis que ayuda a identificar la tipología de causas en un problema:

Tipo de causa	Características principales	Ejemplo
Humanas	Derivan de las competencias, motivación o comunicación de las personas.	Error en registro de datos por falta de formación.
De proceso	Relacionadas con la forma en que se diseñan o ejecutan los procedimientos.	Retraso por duplicidad de validaciones.
Tecnológicas	Vinculadas a herramientas, *software*, *hardware* o mantenimiento.	Caída del sistema de reservas.
Estructurales/organizativas	Nacen de la distribución de roles, recursos o políticas internas.	Falta de coordinación entre logística y ventas.
Externas	Provienen del entorno y escapan al control directo de la organización.	Demora por cierre de carreteras tras tormenta.

Anotación

Es habitual que los equipos caigan en la tentación de señalar únicamente causas humanas ("la persona se equivocó"). Sin embargo, en la mayoría de los casos, los problemas provienen de una combinación de factores, donde el error humano es solo la consecuencia visible de un diseño deficiente del proceso o de una organización que no facilita los recursos adecuados.

Una vez diferenciados los **síntomas** de las **causas** y comprendida su tipología, se necesita un conjunto de herramientas que permitan profundizar en el análisis y llegar a las **causas raíz**. Estas herramientas estructuran la investigación, evitan opiniones subjetivas y facilitan la colaboración en equipo.

F. La técnica de los 5 porqués

Se basa en formular sucesivamente la pregunta **"¿por qué?"** hasta llegar a la raíz del problema. Generalmente, con cinco iteraciones es suficiente, aunque en algunos casos se requieren más o menos pasos.

Problema: los pedidos llegan tarde al cliente.
1. ¿Por qué? = Porque se preparan más despacio de lo previsto.
2. ¿Por qué? = Porque faltan operarios en el turno de tarde.
3. ¿Por qué? = Porque se redistribuyeron a otra área sin prever la carga de trabajo.
4. ¿Por qué? = Porque no se realizó un análisis de capacidad antes de reasignar.
5. ¿Por qué? = Porque no existe un procedimiento estandarizado para la redistribución de personal.

La causa raíz no es "los pedidos llegan tarde", sino la ausencia de un procedimiento de planificación de recursos.

G. Diagrama de Ishikawa o de espina de pescado

Herramienta visual que agrupa causas en categorías, facilitando un análisis estructurado. Las categorías clásicas son: **Métodos, Mano de obra, Maquinaria, Materiales, Medio ambiente y Medición** (las llamadas *6M*).

Un problema de defectos en la producción puede investigarse analizando:
- **Métodos**: ¿el procedimiento está mal definido?
- **Mano de obra**: ¿el personal tiene la formación adecuada?
- **Maquinaria**: ¿la máquina recibe mantenimiento?
- **Materiales**: ¿la materia prima es de calidad?
- **Medio ambiente**: ¿las condiciones ambientales afectan?
- **Medición**: ¿los instrumentos de control son precisos?

Este diagrama se suele utilizar en sesiones grupales, generando un mapa completo de posibles causas.

H. Diagrama de Pareto

Se representa en un gráfico de barras ordenado de mayor a menor frecuencia, permitiendo identificar qué causas deben atacarse primero.

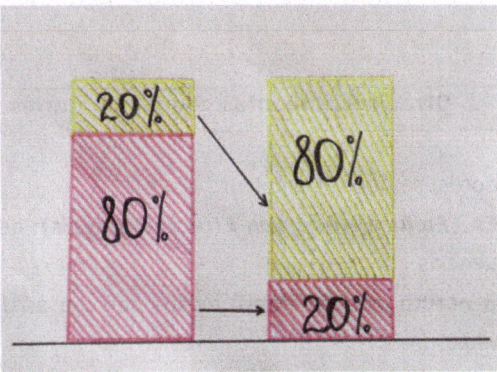

Fig. 8. Basado en el principio 80/20, el diagrama de Pareto señala que un pequeño número de causas suele concentrar la mayoría de los efectos

En un servicio de soporte técnico, el 75 % de las incidencias proviene de solo tres causas: contraseñas bloqueadas, fallos de red y actualizaciones mal instaladas. Al priorizar estas, se resuelve la mayor parte del problema sin dispersar recursos.

I. Diagramas de flujo y mapeo de procesos

Un **diagrama de flujo** muestra paso a paso cómo se desarrolla un proceso. Al visualizarlo, se detectan cuellos de botella, redundancias o puntos vulnerables. El **mapeo de procesos** (por ejemplo, SIPOC: *Suppliers*, *Inputs*, *Process*, *Outputs*, *Customers*) ayuda a clarificar los límites y entradas/salidas del sistema.

En una cadena de suministro, el análisis del flujo revela que el retraso no está en el transporte, sino en la autorización interna de pedidos, que tarda más de lo previsto.

J. Otras herramientas complementarias

Además de las anteriores, se pueden emplear:

- **Análisis FMEA (*Failure Mode and Effects Analysis*):** detecta modos de fallo y sus consecuencias.

- **Matriz causa-efecto vs. criticidad:** evalúa qué causas tienen mayor impacto en los resultados.

- **Tormenta de ideas dirigida:** permite generar hipótesis de causas y clasificarlas para análisis posterior.

Anotación

Ninguna herramienta por sí sola garantiza el hallazgo de la causa real. Lo recomendable es combinar varias técnicas: por ejemplo, usar los 5 porqués dentro de un diagrama de Ishikawa, o un diagrama de Pareto tras un mapeo de causas para priorizar.

Ejemplo

Un hospital detecta que el tiempo de espera en urgencias ha aumentado un 40 %.
1. Se elabora un diagrama de Ishikawa y se agrupan posibles causas: falta de personal, procesos de admisión lentos, saturación por temporada, problemas en el sistema de clasificación.
2. Luego, se aplican los 5 porqués al proceso de admisión y se descubre que la causa raíz está en el *software* de registro, que no estaba adaptado a las nuevas normativas y ralentizaba cada ingreso.
3. Con un diagrama de Pareto, se confirma que esta causa explica el 65 % de los retrasos.

La combinación de herramientas permitió identificar con precisión la raíz y priorizar la solución.

Identificar causas potenciales no garantiza que todas ellas sean realmente responsables del problema, por lo que, tras la fase de análisis, se requiere una validación que confirme cuáles son las causas raíz y una priorización que permita decidir por dónde empezar.

El objetivo es comprobar si las causas propuestas son **verdaderas** o solo hipótesis.

Para ello, se utilizan diferentes técnicas:

- **Evidencia empírica:** contrastar con datos históricos, registros de procesos o indicadores.
- **Pruebas piloto o experimentos controlados:** aplicar pequeños cambios en un área limitada y observar si el problema disminuye.
- **Observación directa:** verificar in situ si la causa propuesta realmente ocurre.
- **Opinión de expertos o personal involucrado:** validar si la explicación es coherente con la experiencia operativa.

Ejemplo

En un *call center* se sospecha que la demora en la atención se debe a la falta de agentes en el turno nocturno. Para validarlo, se hace un piloto reforzando el turno durante una semana. Los tiempos mejoran en un 30 %, confirmando que esta era una de las causas clave.

En la mayoría de los casos, no existe una única causa, sino varias. Tratar de resolverlas todas a la vez puede dispersar recursos. Por eso se establece una priorización según criterios como:

- **Impacto:** cuánto influye la causa en el problema.
- **Facilidad de implantación:** qué tan sencillo es actuar sobre ella (tiempo, coste, recursos).
- **Urgencia:** qué riesgos se asumen si no se corrige de inmediato.
- **Controlabilidad:** grado en que la organización puede intervenir sobre esa causa.

Una herramienta útil es la **matriz impacto–esfuerzo**, que clasifica las causas en cuatro categorías:

- Alto impacto / Bajo esfuerzo → acciones prioritarias (*quick wins*).
- Alto impacto / Alto esfuerzo → proyectos estratégicos.
- Bajo impacto / Bajo esfuerzo → mejoras secundarias.
- Bajo impacto / Alto esfuerzo → causas prescindibles.

La priorización debe estar guiada por criterios objetivos. Una buena práctica es definir previamente cuáles son los **criterios de éxito** (tiempo de respuesta, satisfacción del cliente, reducción de costes, seguridad) y elegir las causas cuya corrección más contribuya a lograrlos.

 Anotación

No todas las causas raíz pueden eliminarse al 100 %. Algunas se mitigan (reducir su probabilidad o su efecto) cuando no es viable eliminarlas por completo.

Ejemplo

Una empresa detecta fallos en el 12 % de los pedidos enviados. Tras un análisis, se identifican tres causas principales:
1. Errores en la preparación (humanos).
2. Fallos en el *software* de inventario (tecnológicos).
3. Comunicación deficiente con proveedores (externa).

Validación:
- Se revisan registros y se confirma que los errores de inventario aumentan en picos de carga (causa tecnológica).
- Una prueba de doble verificación en la preparación muestra una reducción inmediata de errores (causa humana).
- La revisión de correos con proveedores confirma retrasos, pero solo en un 15 % de los casos (menos relevante).

Priorización:
- Se decide actuar primero sobre el *software* de inventario (alto impacto y controlable) y, en paralelo, reforzar la formación en la preparación de pedidos (*quick win*).
- El tema de proveedores se considera secundario, sujeto a negociación.

El análisis de causas no termina en su identificación; requiere **validarlas con datos** y **priorizarlas según impacto y viabilidad**. Este paso evita invertir tiempo en factores irrelevantes y centra la energía del equipo en aquello que realmente transforma la situación.

3. Definición de la situación, objetivos, desarrollo de hipótesis, descripción de hechos, determinar líneas de actuación, evaluación de alternativas, decidir e implantar, control de la implantación

Toda resolución efectiva comienza con una **definición clara de la situación**. Cuando no se enmarca bien el problema, los esfuerzos se dispersan, se aplican soluciones superficiales o se generan nuevas dificultades. Por eso, esta fase inicial se dedica a **precisar qué ocurre, qué se quiere lograr y qué hipótesis se plantean** antes de decidir líneas de actuación.

Fig. 9. Definir un problema significa describirlo con precisión, delimitando su alcance y sus características

Un buen enunciado debe responder a preguntas básicas:

- **Qué sucede:** describir el hecho o la desviación detectada.
- **Dónde ocurre:** área, proceso o contexto donde se manifiesta.
- **Cuándo comenzó:** momento en que se identificó el problema y su evolución.
- **A quién afecta:** clientes, personal, proveedores u otros actores implicados.
- **Magnitud:** datos que indiquen la gravedad (porcentajes, costes, tiempos, número de incidencias).

Ejemplo

En una empresa de *e-commerce*:
"El porcentaje de pedidos entregados fuera de plazo pasó del 4 % al 12 % en los últimos tres meses, afectando a clientes de las zonas urbanas, con un impacto directo en reclamaciones y en la pérdida de ventas estimada en un 7 %".
Esta definición concreta evita enunciados vagos como "tenemos problemas con las entregas".

Una vez delimitado el problema, se deben fijar **objetivos claros y medibles** que orienten la búsqueda de soluciones. Un buen objetivo cumple con el criterio **SMART**:

- **Específico:** señala con detalle qué se quiere lograr.
- **Medible:** incluye indicadores verificables.
- **Alcanzable:** realista con los recursos disponibles.

- **Relevante:** aporta valor estratégico a la organización.
- **Temporal:** establece un plazo definido.

Reducir el porcentaje de entregas fuera de plazo del 12 % al 5 % en un periodo de 8 semanas, manteniendo el coste operativo en los niveles actuales.

Fig. 10. Sin objetivos claros, cualquier acción parece válida, pero no se puede evaluar su éxito

Antes de generar soluciones, se formulan **hipótesis** sobre las posibles causas del problema y las vías de solución. Estas hipótesis guían la investigación y evitan intervenciones arbitrarias.

Tipos de hipótesis que pueden plantearse:

- **Hipótesis de causa:** supuestos sobre qué está originando el problema.
- **Hipótesis de solución:** propuestas preliminares que podrían resolverlo.
- **Hipótesis de impacto:** expectativas sobre los resultados de una acción.

Ejemplo

- **Hipótesis de causa**: el aumento en los retrasos se debe a una planificación deficiente de rutas en horas punta.
- **Hipótesis de solución**: redistribuir los envíos urbanos en franjas de menor congestión reducirá los tiempos de entrega.
- **Hipótesis de impacto**: con la redistribución, se espera reducir las entregas fuera de plazo en al menos un 50 % en un mes.

Las hipótesis deben apoyarse en **hechos comprobados,** no solo en percepciones. Para ello se recopilan evidencias como:

- **Datos cuantitativos**: métricas de tiempos, volúmenes, costes, defectos.
- **Evidencias cualitativas**: entrevistas, observaciones de campo, registros internos.
- **Documentación**: informes, auditorías, partes de incidencias.
- **Comparaciones históricas**: evolución del problema en diferentes periodos.

Ejemplo

Un análisis de GPS revela que el tiempo en ruta urbana se incrementó un 20 % en los últimos tres meses debido a obras viales. Esta evidencia valida la hipótesis de causa y orienta posibles soluciones (rutas alternativas, ajustes horarios).

La definición del problema, la formulación de objetivos y el planteamiento de hipótesis constituyen el **punto de partida estratégico**. Sin estos elementos, el análisis posterior carece de dirección. Con ellos, el equipo cuenta con un marco claro para diseñar alternativas, evaluarlas y decidir con criterio.

Una vez definido el problema, fijados los objetivos e identificadas las hipótesis iniciales, el siguiente paso es **proponer y analizar posibles soluciones**. Esta etapa combina **creatividad** y **rigurosidad,** ya que primero se generan alternativas sin limitaciones (pensamiento divergente) y después se filtran y valoran con criterios objetivos (pensamiento convergente).

A. Generación de alternativas: pensamiento divergente

La primera fase consiste en abrir el abanico de posibilidades sin juzgar ni descartar ideas de inmediato. El objetivo es reunir un conjunto amplio de opciones sobre las que después se podrá trabajar.

Algunas técnicas para fomentar la creatividad y la participación del equipo son:

- **Lluvia de ideas estructurada (*brainstorming*):** cada miembro aporta propuestas en un tiempo limitado, sin críticas iniciales.

- ***Benchmarking*:** análisis de cómo han resuelto problemas similares otras organizaciones o áreas.

- **Tormenta de ideas inversa:** pensar en cómo empeorar el problema para, después, revertir esas ideas en soluciones.

- **SCAMPER:** técnica que invita a sustituir, combinar, adaptar, modificar, poner en otro uso, eliminar o reordenar elementos de un proceso.

Ejemplo

En una biblioteca que detecta retrasos en la devolución de libros, se proponen alternativas diversas:
- Recordatorios automáticos por correo electrónico.
- Incentivos como ampliación gratuita de plazos a usuarios cumplidores.
- Penalizaciones económicas.
- Extensión del servicio de devolución en horario nocturno mediante buzón automático.

En esta fase no importa la viabilidad inmediata, sino abrir opciones.

B. Determinación de criterios de evaluación

Antes de valorar las alternativas, se deben definir **criterios objetivos** para compararlas. Algunos de los más habituales son:

- **Impacto esperado:** grado en que resuelve el problema.

- **Viabilidad técnica:** posibilidad real de implantación con la infraestructura disponible.

- **Coste:** inversión necesaria para poner en práctica la alternativa.

- **Tiempo de implementación:** rapidez con que se puede ejecutar.
- **Riesgos asociados:** probabilidad de que la solución genere efectos indeseados.
- **Aceptación:** nivel de apoyo de las personas implicadas.

Anotación

Es preferible definir los criterios antes de ver las propuestas, para evitar que se adapten según la idea favorita del grupo.

C. Herramientas para evaluar alternativas

Para pasar del conjunto amplio de opciones a una selección más manejable, se utilizan herramientas que facilitan la toma de decisiones:

- **Matriz impacto–esfuerzo:** ubica cada alternativa en un gráfico con dos ejes (alto/bajo impacto y alto/bajo esfuerzo). Permite detectar "*quick wins*" o mejoras rápidas de alta efectividad y bajo coste.
- **Matriz de decisión ponderada:** asigna un peso a cada criterio y puntúa cada alternativa, obteniendo una valoración global.
- **Análisis coste–beneficio:** compara el coste de implementar la solución con los beneficios esperados.
- **Método multicriterio (AHP u otros):** útil para problemas complejos donde intervienen muchos factores.

D. Priorización de alternativas

Tras aplicar los criterios y herramientas, se obtiene un ***ranking* de opciones**. La priorización no significa descartar totalmente las alternativas menos puntuadas, sino **ordenar la atención**:

- Primero se aplican las soluciones de alto impacto y alta viabilidad.

- Después se programan aquellas que requieren más recursos, pero aportan beneficios estratégicos.
- Finalmente, se descartan o posponen las de bajo impacto o alto coste.

Ejemplo

En el caso de la biblioteca:
- Recordatorios automáticos → Alta viabilidad y bajo coste → Acción prioritaria.
- Incentivos a cumplidores → Requiere ajustes administrativos → Implantación en segunda fase.
- Penalizaciones económicas → Riesgo de rechazo de usuarios → Se pospone.
- Buzón nocturno → Alta inversión → Proyecto a evaluar en el futuro.

El paso de generación y evaluación de alternativas puede resumirse en tres acciones clave:

1. **Abrir posibilidades** sin restricciones iniciales.

2. **Definir criterios claros y objetivos** de evaluación.

3. **Priorizar opciones** que aporten mayor valor con el menor esfuerzo posible, asegurando coherencia con los objetivos planteados en la fase 3.1.

Fig. 11. Una buena evaluación no garantiza la solución perfecta, pero sí aumenta las probabilidades de elegir la mejor opción disponible en el contexto real

De este modo, se evita caer en la trampa de elegir "la más popular" o "la más rápida" sin tener en cuenta sus consecuencias a medio y largo plazo.

E. Decisión, implantación y control

Tras generar y evaluar alternativas, llega el momento de **tomar una decisión**, poner en marcha la solución elegida y asegurar que se mantenga en el tiempo mediante un **control sistemático**. Esta fase traduce el análisis en acción y permite verificar si realmente se alcanzan los objetivos definidos en la fase 3.1.

La decisión final debe basarse en el **análisis de criterios objetivos** y no solo en la intuición o preferencia de un directivo. Para garantizar transparencia y aceptación, conviene seguir estas pautas:

- **Seleccionar la alternativa mejor valorada** en la evaluación, siempre que cumpla los objetivos.
- **Considerar escenarios de respaldo**, en caso de que la opción principal no funcione como se espera.
- **Definir claramente responsables**, plazos y recursos asociados a la decisión.
- **Comunicar la decisión** a todas las personas implicadas, explicando los motivos para fomentar compromiso.

Ejemplo

Una empresa con retrasos en entregas decide implementar un *software* de planificación de rutas, priorizado en la evaluación por su alto impacto y viabilidad. Como plan alternativo, mantiene la opción de reforzar personal en periodos críticos.

F. Implantación de la solución

La implantación es el paso en el que la solución pasa del papel a la práctica. Para que sea eficaz, debe gestionarse como un **miniproyecto** con las siguientes fases:

1. **Planificación:**
   - Qué se va a hacer (acciones específicas).
   - Quién lo hará (responsables y equipos).

o Cuándo se hará (plazos y cronograma).

o Con qué recursos (materiales, financieros, humanos).

2. **Ejecución:**

o Desarrollo de las acciones según lo planificado.

o Comunicación fluida para resolver imprevistos.

o Gestión del cambio y acompañamiento al personal.

3. **Seguimiento inicial:**

o Verificar si la implantación se está realizando conforme al plan.

o Ajustar desviaciones menores en tiempo real.

G. Control y retroalimentación

Una vez implantada la solución, se debe comprobar si está dando los resultados esperados. Este control se realiza mediante:

- **Indicadores de seguimiento:** métricas comparables con la línea base (tiempos, calidad, satisfacción, costes).

- **Revisión periódica:** reuniones de control para analizar avances y dificultades.

- **Evaluación de resultados:** verificar si se cumplieron los objetivos SMART definidos en la fase 3.1.

- **Ajustes y mejoras continuas:** si el problema persiste parcialmente o aparecen efectos no deseados, se ajusta la solución o se aplican medidas adicionales.

Ejemplo

Tras la implantación del nuevo *software* de rutas, la empresa revisa semanalmente los indicadores:
- El porcentaje de entregas fuera de plazo disminuye del 12 % al 6 % en el primer mes.
- El objetivo (≤ 5 %) aún no se alcanza, por lo que se refuerza la formación del personal en el uso de la herramienta.

H. Documentación y aprendizaje organizativo

Más allá de resolver el problema puntual, es crucial **documentar todo el proceso** para que la organización aprenda y esté mejor preparada ante futuras incidencias. Esto incluye:

- Descripción del problema inicial.
- Criterios de decisión aplicados.
- Solución implantada y resultados obtenidos.
- Lecciones aprendidas y recomendaciones para casos similares.

 **Saber más**

Muchas organizaciones adoptan el enfoque de "lecciones aprendidas" o *"after action review"* (AAR), utilizado en entornos militares y empresariales, para reflexionar sobre qué funcionó, qué no y cómo mejorar en el futuro.

La resolución de problemas no se limita a identificar y evaluar alternativas; requiere **decidir con criterio, implantar con planificación y controlar con disciplina**. Solo así se garantiza que la solución sea efectiva, sostenible y que aporte un aprendizaje que fortalezca a la organización en el largo plazo.

4. Toma de solución

La **toma de solución** no ocurre en el vacío. Aunque se disponga de información y alternativas, la decisión final está condicionada por diversos factores internos y externos. Reconocerlos permite **reducir riesgos, anticipar obstáculos y mejorar la calidad de las decisiones**.

La base de toda decisión es la **información** con la que se cuenta:

- Si es **completa y fiable**, las soluciones se fundamentan en datos sólidos.
- Si es **parcial o dudosa**, aumenta la probabilidad de errores.
- Si llega **demasiado tarde**, puede perder relevancia para la acción.

En un hospital, la decisión de cambiar un protocolo depende de tener estadísticas actualizadas sobre tiempos de espera y satisfacción de pacientes. Con información antigua, la solución puede ser inadecuada.

Fig. 12. Más información no siempre significa mejor decisión; lo esencial es que sea relevante, verificable y oportuna

A. Recursos disponibles

No todas las soluciones son viables. Factores como el presupuesto, la disponibilidad de personal, las herramientas tecnológicas o el tiempo condicionan qué alternativas pueden aplicarse.

Una empresa logística puede identificar que la mejor solución sería ampliar la flota, pero si no cuenta con recursos económicos inmediatos, deberá optar por reorganizar rutas o subcontratar de manera temporal.

B. Grado de riesgo y urgencia

Cada decisión implica **riesgos**: financieros, reputacionales, legales, de seguridad o de impacto en personas. Además, la **urgencia** del problema condiciona el nivel de análisis posible.

- En situaciones críticas, puede ser necesario decidir con información incompleta.
- En contextos más estables, se dispone de margen para análisis profundos.

Si una línea de producción se detiene por una avería, la urgencia exige una solución inmediata (parche temporal), seguida después por una solución definitiva.

C. Cultura organizacional y liderazgo

La manera en que se toman decisiones está muy influida por la cultura de la organización y el estilo de liderazgo:

- **Centralizada:** las decisiones se concentran en una persona o en la alta dirección.
- **Participativa:** se fomenta la colaboración y el consenso en el equipo.
- **Innovadora:** se favorece el riesgo y la experimentación.
- **Conservadora:** se prioriza la estabilidad y la seguridad.

En una empresa con liderazgo participativo, la elección de un nuevo *software* se realiza tras talleres con distintos departamentos. En una organización jerárquica, la decisión puede recaer exclusivamente en la gerencia.

D. Sesgos y factores humanos

Las decisiones no son completamente racionales; están influidas por **sesgos cognitivos**:

- **Anclaje:** dar demasiado peso a la primera información recibida.
- **Exceso de confianza:** creer que la propia experiencia basta para decidir.
- **Confirmación:** buscar solo datos que confirmen la hipótesis previa.
- **Aversión a la pérdida:** evitar cambios por miedo a perder lo que ya se tiene.

Un directivo puede insistir en mantener una estrategia de *marketing* porque en el pasado funcionó, ignorando datos actuales que muestran su baja efectividad.

E. Nivel de consenso y aceptación

Una solución solo funciona si quienes deben aplicarla la aceptan. Factores como la **comunicación** clara, la **participación** en la decisión y el **sentimiento** de pertenencia influyen en la implementación.

En un centro educativo, la decisión de cambiar la plataforma digital se aceptó fácilmente porque el profesorado participó en la fase de evaluación de alternativas.

La toma de solución está condicionada por **información, recursos, riesgos, cultura, sesgos y aceptación social**. Reconocer estos factores permite decidir con mayor objetividad y preparar el terreno para que la implantación sea viable y efectiva.

Una vez analizados los factores que influyen en la toma de solución, es necesario definir **cómo** se tomará la decisión.

Fig. 13. Las estrategias varían en función del tipo de problema, la urgencia, la cultura organizacional y los recursos disponibles

Conocerlas permite **elegir el enfoque más adecuado** y evitar decisiones precipitadas o mal fundamentadas.

1. **Decisiones individuales:** Tomadas por una sola persona (gerente, supervisor, especialista). Son útiles cuando:

   o Se requiere rapidez.

   o El problema está claramente definido.

   o El decisor tiene la experiencia y autoridad necesarias.

 Ejemplo

En una fábrica, el jefe de mantenimiento decide parar una máquina para evitar un accidente.

2. **Decisiones colectivas:** Implican a varias personas y suelen basarse en el consenso o la mayoría. Son útiles cuando:

   o El problema es complejo y multidisciplinar.

   o Se busca mayor aceptación de la solución.

   o Se necesita diversidad de perspectivas.

 **Ejemplo**

Un comité de dirección define la estrategia de digitalización tras escuchar a distintos departamentos.

Fig. 14. Aunque las decisiones colectivas enriquecen el análisis, también pueden generar dilaciones si no se gestionan con un proceso claro

Por otro lado, diferenciamos entre decisiones intuitivas y analíticas:

- **Intuitivas:** se basan en la experiencia, la percepción rápida o el "sentido común". Son útiles en contextos de alta incertidumbre o cuando no hay tiempo para analizar datos.

 **Ejemplo**

Un médico en urgencias elige un tratamiento inmediato basándose en su experiencia clínica.

- **Analíticas:** utilizan datos, herramientas y procedimientos estructurados. Se aplican en problemas donde hay tiempo y recursos para evaluar alternativas de forma objetiva.

Lo ideal es combinar ambos enfoques: la intuición como punto de partida y el análisis como validación.

Una empresa de transporte analiza con un *software* distintas rutas antes de decidir la más eficiente.

F. Herramientas de apoyo a la decisión

Para reducir la subjetividad, se emplean **herramientas de decisión** que aportan estructura y objetividad:

- **Matriz de decisión ponderada:** se listan las alternativas y se valoran en función de criterios con un peso específico. Permite obtener una puntuación final para cada opción.
- **Árbol de decisión:** representa gráficamente las opciones y sus posibles consecuencias, incluyendo probabilidades y costes.
- **Análisis coste–beneficio:** compara los recursos invertidos con los beneficios estimados de cada alternativa.
- **Matriz DAFO (Debilidades, Amenazas, Fortalezas, Oportunidades):** ayuda a contextualizar la decisión en relación con el entorno interno y externo.

Una ONG evalúa distintos proveedores de alimentos. Con una matriz ponderada establece criterios (precio, calidad, capacidad de entrega, impacto social) y selecciona el proveedor que mejor puntúa, evitando que el precio sea el único factor decisivo.

Se describen a continuación las ventajas e inconvenientes de cada estrategia:

Estrategia	Ventajas	Inconvenientes
Individual	Rapidez, claridad, responsabilidad definida.	Puede ser subjetiva, menor aceptación en el equipo.
Colectiva	Diversidad de perspectivas, mayor aceptación.	Más lenta, riesgo de falta de consenso.
Intuitiva	Agilidad, aprovecha experiencia.	Puede ser errónea si la experiencia no aplica.
Analítica	Objetividad, respaldo en datos.	Requiere tiempo y recursos, riesgo de parálisis por exceso de análisis.

No existe una única estrategia válida. La decisión más efectiva combina **visión estratégica, experiencia e información estructurada**, adaptándose al tipo de problema y al contexto organizativo. Lo importante es reconocer las limitaciones de cada enfoque y aplicar herramientas que garanticen transparencia y objetividad.

Fig. 15. La fase de implementación consiste en ejecutar la solución seleccionada, asignando responsabilidades, garantizando los recursos necesarios y supervisando su evolución

Por otro lado, la toma de decisión solo cobra sentido si se traduce en **acciones concretas**.

Una buena implantación es la clave que diferencia entre una decisión acertada que se queda en el papel y una que produce resultados reales.

G. Planificación de la implantación

Antes de poner en marcha la solución, es necesario diseñar un **plan de acción** que detalle:

- **Qué se hará:** descripción de actividades específicas.
- **Quién lo hará:** asignación de responsables y equipos.
- **Cuándo:** cronograma con fechas clave y plazos de entrega.

- **Con qué recursos:** presupuesto, materiales, herramientas, formación o personal adicional.
- **Cómo se medirá:** indicadores de desempeño vinculados a los objetivos iniciales.

Ejemplo

Una empresa de distribución decide implantar un nuevo *software* de gestión de rutas. El plan de acción incluye: formación al personal, instalación de la herramienta en tres fases, acompañamiento técnico durante un mes y un indicador de control: reducir entregas tardías al 5 % en ocho semanas.

H. Comunicación de la decisión

La comunicación es un elemento crítico en la implantación:

- Debe ser **clara y transparente**, explicando los motivos de la decisión.
- Conviene destacar los **beneficios esperados** para motivar a los implicados.
- Es útil habilitar **canales de retroalimentación** (foros, reuniones, buzones) para detectar dudas y resistencias.

Fig. 16. Una decisión mal comunicada genera incertidumbre y resistencia, incluso si la solución es técnicamente correcta

I. Ejecución de la solución

En esta fase se ponen en práctica las acciones planificadas. Para aumentar las probabilidades de éxito, conviene:

- Implementar en **fases piloto** cuando sea posible, reduciendo riesgos.
- Realizar **revisiones periódicas** del avance para detectar desviaciones.
- Proporcionar **apoyo técnico o formativo** al personal durante la transición.

En el hospital que decidió cambiar su sistema de admisión, se comenzó con un proyecto piloto en un solo servicio durante dos semanas. Tras confirmar mejoras, se extendió al resto del hospital.

J. Control y seguimiento inicial

Una vez puesta en marcha la solución, es fundamental verificar si está logrando los resultados esperados:

- Comparar con la **línea base** establecida al inicio del proceso.
- Analizar **indicadores de desempeño** (tiempos, costes, calidad, satisfacción).
- Realizar ajustes si aparecen desviaciones o efectos no previstos.

Tras implantar el *software* de rutas, la empresa mide semanalmente el porcentaje de entregas fuera de plazo. Se observa una mejora del 12 % al 7 %, pero aún no se alcanza el objetivo del 5 %, lo que obliga a reforzar la capacitación del personal.

K. Consolidación de la solución

No basta con implantar una solución; debe asegurarse su **sostenibilidad** en el tiempo. Esto se logra mediante:

- **Documentación:** registrar lo aprendido y los pasos seguidos.
- **Estandarización:** convertir la solución en parte de los procedimientos habituales.
- **Revisión periódica:** evaluar si la solución sigue siendo eficaz en contextos cambiantes.
- **Mejora continua:** detectar nuevas oportunidades a partir de la experiencia adquirida.

La implementación de la solución elegida es el momento donde la **teoría se convierte en práctica**. Su éxito depende de una planificación cuidadosa, una comunicación efectiva, un seguimiento constante y la capacidad de aprender de la experiencia.

A continuación, se expone un caso práctico de retrasos en las entregas de una empresa de mensajería.

Una empresa dedicada a la mensajería urbana detecta un aumento de quejas de clientes en los últimos tres meses. El **12 % de los pedidos** se entregan fuera de plazo, cuando el estándar de calidad de la empresa es mantenerlo por debajo del 5 %. La dirección teme que la situación afecte a la reputación de la compañía y a la fidelidad de los clientes.

1. **Definición del problema:**
   - **Qué sucede:** El 12 % de los pedidos se entregan con retraso.
   - **Dónde:** Principalmente en zonas urbanas de alta densidad de tráfico.
   - **Desde cuándo:** En los últimos tres meses.
   - **A quién afecta:** Clientes finales y al área de atención al cliente, que recibe más reclamaciones.
   - **Magnitud:** Aumento del 8 % en retrasos, con un impacto directo en ingresos (-7 % de ventas en el trimestre).

o **Problema definido**: "Incremento del 12 % en retrasos de entregas urbanas en los últimos tres meses, generando un aumento en reclamaciones y pérdida de ventas".

2. **Objetivos:**

o Reducir los retrasos de entregas urbanas del 12 % al 5 % en un plazo de ocho semanas.

o Mantener los costes operativos en los niveles actuales.

o Mejorar la satisfacción del cliente en al menos un 15 %.

3. **Análisis de causas:**

o **Síntomas:** Quejas de clientes, acumulación de paquetes pendientes, saturación de conductores.

o **Causas potenciales:**

- Mal diseño de rutas (procesos).

- Aumento de la demanda en horas punta (externa).

- Falta de personal en determinados turnos (humana).

- Sistema de planificación obsoleto (tecnológica).

o **Validación**: se analizan registros de GPS y se confirma que los retrasos coinciden con franjas de tráfico intenso y que el *software* de planificación no ajusta dinámicamente las rutas.

4. **Generación de alternativas:** El equipo propone:

o Ampliar la plantilla de repartidores.

o Implementar un *software* de planificación dinámica de rutas.

o Redistribuir entregas en horarios de menor tráfico.

o Habilitar puntos de recogida para clientes en zonas céntricas.

5. **Evaluación de alternativas:**

o **Ampliar plantilla:** Alto impacto, alto coste.

o *Software* **de rutas dinámicas:** Alto impacto, coste medio, sostenible.

o **Redistribución de horarios:** Impacto medio, bajo coste (*quick win*).

o **Puntos de recogida:** Impacto medio, coste alto (requiere inversión en locales).

- o **Decisión**: combinar *software* de planificación dinámica (solución estructural) con la redistribución de entregas en franjas de menor tráfico (acción inmediata).

6. **Implantación:**
   - o **Plan de acción:**
     - - **Fase 1**: prueba piloto del *software* en dos distritos durante dos semanas.
     - - **Fase 2**: formación a repartidores y supervisores.
     - - **Fase 3**: implementación completa en toda la ciudad.
     - - **Paralelamente**: redistribución de entregas en franjas de tarde y noche.
   - o **Recursos:** inversión en *software*, capacitación del personal, soporte técnico.
   - o **Responsables:** jefe de operaciones y coordinador de TI.

7. **Control y resultados:**
   - o **Indicador principal**: porcentaje de entregas fuera de plazo.
   - o **Resultados tras cuatro semanas**:
     - - Reducción al 7 % de retrasos.
     - - Mejoras en satisfacción del cliente (+12 %).
   - o **Ajuste adicional**: reforzar formación de conductores en el uso del nuevo sistema.
   - o **Resultado a las ocho semanas**: reducción estable al 5 %, alcanzando el objetivo.

Solución aplicada: La solución combinada (*software* de planificación dinámica + redistribución de horarios) permitió:

- Reducir los retrasos del 12 % al 5 % en ocho semanas.
- Mantener los costes operativos, ya que la inversión en *software* fue compensada con ahorros en combustible y tiempos de entrega.
- Aumentar la satisfacción de clientes en un 16 %.

Este caso muestra cómo un problema inicialmente percibido como "falta de personal" se resolvió al descubrir la **causa real: la ineficiencia en la planificación de rutas**. La clave estuvo en definir el problema con datos, generar varias alternativas, evaluarlas objetivamente y aplicar una solución escalable y sostenible.

Resumen

En el entorno laboral, los problemas forman parte natural de la dinámica diaria de las organizaciones. Un problema se entiende como la desviación entre un resultado esperado y el obtenido, y su adecuada gestión resulta esencial para garantizar la eficacia de los equipos y la continuidad de los proyectos. La clave no es reaccionar de manera improvisada, sino aplicar un proceso estructurado que permita identificar, analizar y resolver de forma sostenible.

El primer paso consiste en diferenciar entre síntomas y causas. Los síntomas son señales visibles (retrasos, quejas, errores), mientras que las causas son los factores que realmente generan la situación. Actuar solo sobre los síntomas conduce a soluciones superficiales, mientras que identificar las causas raíz permite prevenir la reaparición del problema. Estas causas pueden clasificarse en diferentes tipologías: humanas, de proceso, tecnológicas, estructurales u organizativas, y externas. Generalmente, los problemas surgen de una combinación de varias de ellas.

Para profundizar en el análisis de las causas se utilizan herramientas específicas que ayudan a estructurar el pensamiento y a guiar el trabajo en equipo. Entre las más conocidas se encuentran la técnica de los 5 porqués, el diagrama de Ishikawa o espina de pescado, el diagrama de Pareto y los diagramas de flujo de procesos. Cada herramienta cumple una función: descubrir la raíz del problema, visualizar causas agrupadas, priorizar las más influyentes o detectar cuellos de botella.

Una vez definidas las causas, se procede a la formulación de objetivos claros y medibles, que deben cumplir con el criterio SMART (específicos, medibles, alcanzables, relevantes y temporales). A partir de ahí, se generan hipótesis y se diseñan alternativas de solución. Esta fase combina creatividad y análisis: primero se fomenta el pensamiento divergente para generar múltiples propuestas y, posteriormente, se aplican criterios objetivos de evaluación como impacto, coste, viabilidad y riesgo. Herramientas como la matriz impacto–esfuerzo o la matriz de decisión ponderada facilitan la priorización.

La siguiente etapa es la toma de solución, que está condicionada por factores como la calidad de la información, los recursos disponibles, el nivel de riesgo, la cultura organizacional y los sesgos cognitivos que pueden influir en los decisores. Las estrategias de decisión pueden ser individuales o colectivas, intuitivas o analíticas, y se apoyan en instrumentos como árboles de decisión o análisis coste-beneficio. Lo esencial es garantizar que la elección final esté fundamentada y cuente con aceptación en el equipo.

Por último, se pasa a la implantación de la solución elegida, que debe gestionarse como un proyecto: planificar acciones, asignar responsables, establecer plazos y recursos, y comunicar de forma clara la decisión. El control posterior se realiza mediante indicadores que permiten medir la efectividad y realizar ajustes cuando sea necesario. Además, documentar el proceso y las lecciones aprendidas contribuye a que la organización desarrolle una cultura de mejora continua.

En conclusión, la resolución de problemas no es un acto aislado, sino un proceso sistemático que combina análisis, creatividad y disciplina. Abordar los problemas de este modo no solo soluciona las incidencias actuales, sino que fortalece la capacidad de la organización para anticiparse, aprender y adaptarse a nuevos desafíos.

Glosario

5 porqués

Técnica de análisis que consiste en preguntar repetidamente "¿por qué?" para llegar a la causa raíz.

Análisis coste–beneficio

Comparación entre los recursos invertidos y los beneficios esperados de una alternativa.

Causa raíz

Origen profundo que explica el problema. Si no se actúa sobre ella, el problema se repite.

Causa

Factor que origina un problema. Puede ser humana, de proceso, tecnológica, organizativa o externa.

Control de implantación

Seguimiento de la solución puesta en marcha, mediante indicadores que permiten comprobar su eficacia y ajustar cuando sea necesario.

Decisión colectiva

Decisión tomada en grupo, que aporta diversidad de perspectivas y suele generar mayor aceptación.

Decisión individual

Aquella tomada por una sola persona, generalmente útil en contextos de urgencia o cuando el problema está claramente definido.

Diagrama de flujo

Representación gráfica que muestra las etapas de un proceso y permite detectar puntos críticos o cuellos de botella.

Diagrama de Ishikawa (espina de pescado)

Herramienta visual que organiza posibles causas en categorías como métodos, personas, materiales, máquinas, medio ambiente y medición.

Diagrama de Pareto

Gráfico que muestra cuáles son las causas que generan la mayoría de los efectos (principio 80/20).

Hipótesis

Suposición inicial que orienta la investigación sobre causas o posibles soluciones.

Implantación

Ejecución práctica de la solución elegida, con asignación de responsables, recursos y plazos.

Lecciones aprendidas

Conocimientos adquiridos tras el proceso de resolución de problemas, que se documentan para prevenir futuras incidencias.

Matriz de decisión ponderada

Técnica que evalúa alternativas asignando un peso a los criterios y una puntuación a cada opción, para seleccionar la más adecuada.

Matriz impacto–esfuerzo

Herramienta que clasifica alternativas según su impacto y el esfuerzo necesario para implementarlas, identificando mejoras rápidas (*quick wins*).

Objetivo SMART

Meta que es específica, medible, alcanzable, relevante y temporal.

Priorización

Selección de las causas o soluciones más relevantes y factibles, para actuar primero sobre ellas.

Problema

Desviación entre un resultado esperado y el obtenido, que requiere análisis y acción para ser resuelto.

Sesgo cognitivo

Tendencia inconsciente que afecta la objetividad de las decisiones (ejemplo: exceso de confianza, confirmación, anclaje).

Síntoma

Manifestación visible de un problema (quejas, retrasos, errores), pero que no representa su causa real.

Validación de causas

Proceso de confirmación de que las causas identificadas son reales y no suposiciones, a través de datos, pruebas piloto u observación.

Ejercicios de autoevaluación

1. **¿Qué es un problema en el ámbito organizacional?**

   a. Una situación negativa que siempre tiene una sola causa.

   b. Un conflicto entre trabajadores.

   c. Una desviación entre un resultado esperado y el obtenido.

   d. Un error puntual sin consecuencias.

2. **¿Qué diferencia principal existe entre un síntoma y una causa?**

   a. El síntoma es superficial, la causa es el origen real.

   b. El síntoma siempre es más grave que la causa.

   c. La causa se percibe, el síntoma no.

   d. El síntoma es externo y la causa interna.

3. **¿Cuál de las siguientes es una fuente de detección de problemas?**

   a. Opiniones sin registro.

   b. Datos operativos y KPIs.

   c. Suposiciones del gerente.

   d. Noticias externas no verificadas.

4. **¿Qué herramienta se basa en preguntar repetidamente "¿por qué?"?**

   a. Diagrama de flujo.

   b. Matriz de impacto-esfuerzo.

   c. Técnica de los 5 porqués.

   d. *Brainstorming.*

5. ¿Qué representa un diagrama de Ishikawa?

a. La relación entre coste y beneficio.

b. El flujo de un proceso productivo.

c. Las posibles causas agrupadas por categorías.

d. La priorización de tareas.

6. Una causa externa de un problema puede ser:

a. Falta de formación del personal.

b. Un *software* desactualizado.

c. Cambio en la normativa legal.

d. Un error de comunicación interna.

7. ¿Qué criterio se utiliza para elegir entre varias alternativas de solución?

a. Preferencia personal del directivo.

b. Impacto, viabilidad, coste y riesgos.

c. Popularidad entre empleados.

d. Antigüedad del proceso.

8. ¿Qué matriz clasifica las acciones en "*quick wins*" o mejoras rápidas?

a. Matriz DAFO.

b. Matriz impacto-esfuerzo.

c. Matriz de decisión ponderada.

d. Árbol de decisión.

9. ¿Cuál es un riesgo de centrarse solo en los síntomas?

a. Generar soluciones más innovadoras.

b. Resolver el problema de raíz.

c. Repetición del problema en el tiempo.

d. Reducción de costes.

10.¿Qué característica debe tener un objetivo bien definido?

    a. Que sea amplio y flexible.

    b. Que esté basado en suposiciones.

    c. Que cumpla con criterios SMART.

    d. Que dependa de factores externos.

Módulo 4. Plan de trabajo

Introducción

La planificación constituye una de las competencias esenciales en cualquier proceso de gestión y liderazgo. Un plan de trabajo bien estructurado permite definir con claridad la situación de partida, concretar los objetivos, organizar los recursos y establecer las acciones necesarias para alcanzar los resultados esperados. En contextos laborales cada vez más cambiantes, la capacidad de planificar se convierte en una herramienta estratégica que no solo orienta el esfuerzo colectivo, sino que también facilita la evaluación de alternativas, la toma de decisiones fundamentadas y el análisis de resultados.

Este módulo se centra en dotar al alumnado de los conocimientos y habilidades necesarios para elaborar, aplicar y evaluar planes de trabajo eficaces, reforzando la motivación individual y potenciando la organización de los equipos. Se busca que la planificación no se perciba como una actividad burocrática, sino como un proceso dinámico que integra análisis, acción y mejora continua.

Objetivos

- Comprender el papel de la planificación como elemento clave en la organización y dirección de equipos y proyectos.
- Definir con precisión la situación de partida y especificar objetivos alcanzables y medibles.
- Desarrollar hipótesis y alternativas de actuación, valorando sus ventajas e inconvenientes.
- Aplicar criterios de selección para decidir la opción más adecuada e implantarla de manera ordenada.
- Controlar la ejecución del plan, asegurando el seguimiento de las acciones establecidas.
- Analizar los resultados obtenidos, extrayendo conclusiones que permitan retroalimentar y mejorar futuros planes de trabajo.
- Favorecer una actitud de motivación, organización y responsabilidad compartida en la elaboración y aplicación de planes dentro de un equipo.

1. Planificación del trabajo

La planificación del trabajo es el proceso sistemático de decidir con antelación **qué** se va a hacer, **por qué**, **cómo**, **quién**, **con qué recursos** y **cuándo**, para alcanzar resultados concretos con el menor desperdicio posible. No es un trámite administrativo: es un **mecanismo de coordinación y aprendizaje** que alinea expectativas, reduce incertidumbre y permite priorizar en entornos de escasez (tiempo, presupuesto, atención).

Fig. 1. La planificación efectiva combina claridad estratégica, orden operativo y flexibilidad táctica para adaptarse a cambios sin perder el rumbo

En términos prácticos, planificar implica **conectar el análisis con la acción**: traducir una situación inicial en una secuencia de actividades realistas, con responsables definidos y criterios de éxito observables. Este módulo asume la planificación como un ciclo continuo (planificar–ejecutar–verificar–ajustar), donde cada iteración mejora la siguiente mediante datos y evidencias del desempeño.

Conviene establecer **principios** que guían toda planificación, independientemente del ámbito o sector:

- **Coherencia**: el plan debe ser consistente con metas superiores, políticas internas y limitaciones reales.
- **Enfoque**: priorizar pocos objetivos clave evita la dispersión y mejora la ejecución.
- **Participación**: involucrar a quienes ejecutarán el plan aumenta la calidad de las estimaciones y el compromiso.

- **Trazabilidad**: toda decisión debe poder reconstruirse (fuentes, criterios, alternativas consideradas).
- **Flexibilidad**: incorporar márgenes, opciones y puntos de decisión para responder a cambios sin improvisar.
- **Medición**: cada línea de acción necesita **indicadores** que permitan verificar avances y resultados.

A fin de estructurar el trabajo con criterio, la planificación suele articularse en **componentes** interrelacionados que se redactan con un nivel de detalle proporcional al tamaño y al riesgo del proyecto:

Fig. 2. Cada elemento cumple una función específica y evita un riesgo distinto (ambigüedad, retraso, sobrecoste, reprocesos)

1. **Alcance y entregables**: qué se promete producir y qué no; versiones, prototipos, hitos.
2. **Actividades y secuencia**: tareas necesarias, dependencias y ruta de ejecución.
3. **Recursos**: personas, competencias, materiales, servicios externos, herramientas.
4. **Calendario**: cronograma con hitos, ventanas críticas y *timeboxing* de actividades.
5. **Costes y presupuesto**: horas estimadas, imputaciones, compras, contingencias.
6. **Calidad**: criterios de aceptación, revisiones, listas de comprobación.
7. **Riesgos y supuestos**: qué puede fallar, probabilidad/impacto, respuestas previstas.
8. **Comunicación y coordinación**: reuniones, informes, tableros, interlocutores y escalado.
9. **Seguimiento y control**: cadencia de revisión, *dashboards*, umbrales de alerta y ajustes.

La siguiente relación ayuda a verificar que el plan está "completo":

Elemento de planificación	Finalidad principal	Entregable habitual
Alcance y entregables.	Delimitar qué se produce y con qué nivel de calidad.	Definición de alcance, lista de entregables, hitos.
Actividades y secuencia.	Ordenar el trabajo y visualizar dependencias.	Lista de tareas, WBS, diagrama Gantt/Kanban.
Recursos.	Asegurar capacidades y disponibilidad.	Matriz de recursos/competencias, plan de carga.
Calendario.	Comprometer fechas realistas.	Cronograma con hitos y ventanas críticas.
Costes y presupuesto.	Viabilidad económica y control de gasto.	Presupuesto, desglose por partidas, reserva.
Calidad.	Prevenir retrabajos y rechazos.	Criterios de aceptación, *checklists*, revisiones
Riesgos y supuestos.	Anticipar problemas y opciones.	Registro de riesgos, plan de respuesta.
Comunicación.	Alinear a personas y decisiones.	Plan de comunicación, calendario de reuniones.
Seguimiento y control.	Detectar desvíos a tiempo.	Indicadores, tablero de control, informes periódicos.

Ejemplo

En una actualización de contenidos formativos, el alcance define qué módulos se revisan y en qué profundidad; las actividades se secuencian (auditoría de contenidos → redacción → revisión técnica → maquetación → control de calidad); los recursos incluyen autoría, revisión normativa y diseño; el calendario fija hitos por paquete de entregables; la calidad se concreta en listas de verificación por módulo; riesgos como "cambios normativos de última hora" se cubren con un buffer y revisión final; la comunicación establece una reunión semanal de 30 minutos con acta y tableros visibles; el seguimiento usa indicadores de avance (% completado por módulo, defectos detectados/cerrados).

La **asignación de responsabilidades** es otro pilar que evita ambigüedades. Es útil distinguir: **quién decide, quién ejecuta, quién revisa** y **quién debe ser informado**. Mantener esta claridad reduce la fricción en el día a día y agiliza la toma de decisiones cuando surgen imprevistos.

Anotación

La dependencia entre tareas introduce restricciones de calendario (no puede iniciarse B hasta completar A) y condiciona la ruta crítica (cadena de actividades que define la duración mínima del plan). La holgura en tareas no críticas sirve como "amortiguador" para absorber pequeños retrasos sin afectar la fecha global.

En relación con la **medición**, conviene diferenciar **indicadores de avance** (por ejemplo, % de tareas completas, hitos alcanzados) e **indicadores de resultado** (por ejemplo, nivel de satisfacción del destinatario, defectos por entregable, tiempos reales frente a previstos). La selección de pocos indicadores **accionables** simplifica el seguimiento y orienta correcciones con rapidez.

La planificación también debe decidir **el enfoque de trabajo** más adecuado al contexto:

- **Secuencial** (cascada) cuando los requisitos son estables y el coste del cambio es alto.
- **Iterativo/ágil** cuando se aprende entregando en ciclos cortos y el *feedback* reduce incertidumbre.
- **Híbrido** cuando hay partes del proyecto que exigen garantías secuenciales y otras se benefician de iteraciones.

Antes de elaborar el detalle, resulta útil revisar **buenas prácticas** que aumentan la probabilidad de éxito. Las prácticas siguientes controlan los sesgos comunes (optimismo, confusión entre urgencia e importancia, y miopía presupuestaria):

- Estimar con datos históricos o rangos, no con un único número "puntual".
- Separar **capacidad disponible** de **carga planificada** para evitar sobreasignación.
- Introducir **colchones de contingencia** visibles (tiempo/presupuesto) vinculados a riesgos concretos.
- Programar **puntos de control** con criterios de salida claros (qué debe estar listo para avanzar).
- Acordar un **ritmo de comunicación** breve y frecuente (ej.: revisión semanal y tablero actualizado).

- Documentar **supuestos clave** que, si cambian, obliguen a replantear parte del plan.

Un plan es tanto **herramienta de coordinación** como **compromiso social**: su valor reside en que todos lo entiendan, lo acepten y lo usen para decidir.

Fig. 3. Cuando el documento existe, pero el equipo opera "por libre", hay planificación formal, pero no hay planificación efectiva

Finalmente, la planificación debe contemplar **gestión del cambio**: cada ajuste aprobado (por alcance, recursos, calendario) se registra con su justificación, impacto y nueva línea base. Este control evita la "deriva silenciosa" del plan y mantiene la integridad del compromiso con las partes interesadas.

1.1. Definir la situación

La **definición de la situación** es el punto de partida de cualquier proceso de planificación. Antes de establecer metas, distribuir tareas o asignar recursos, es imprescindible comprender de manera precisa el contexto en el que se actuará.

Esta fase implica recopilar información objetiva y analizarla para tener un diagnóstico realista de dónde se encuentra el equipo, el proyecto o la organización, y cuáles son las condiciones que condicionan su desempeño.

Definir la situación no consiste solo en describir lo que ocurre, sino en **identificar factores internos y externos** que pueden influir en el desarrollo del plan de trabajo. Entre estos factores destacan:

- **Internos**: estructura del equipo, recursos disponibles, competencias del personal, cultura organizativa, procesos vigentes y limitaciones de tiempo o presupuesto.
- **Externos**: demandas de los clientes, normativas aplicables, condiciones del mercado, competencia, tendencias sociales o tecnológicas, y posibles riesgos derivados del entorno.

Para obtener una visión completa, el análisis debe integrar diferentes fuentes: observación directa, informes previos, entrevistas con personas implicadas, métricas de desempeño y referencias sectoriales.

A. Métodos habituales de análisis de la situación

La identificación del punto de partida puede apoyarse en herramientas de diagnóstico que ayudan a ordenar la información y a distinguir lo relevante de lo accesorio.

Conviene aclarar que **ningún método sustituye al juicio crítico**: los resultados deben interpretarse de manera reflexiva y contextualizada. Los métodos más usados son:

- **Análisis DAFO (Debilidades, Amenazas, Fortalezas y Oportunidades)**: útil para visualizar simultáneamente aspectos internos y externos que condicionan la actuación.
- **Mapa de procesos**: permite representar cómo se están realizando actualmente las tareas y detectar cuellos de botella o duplicidades.
- **Benchmarking**: comparación con buenas prácticas o estándares de referencia en el sector.
- **Encuestas y entrevistas**: recogen la percepción de los miembros del equipo o de las personas usuarias sobre los problemas y necesidades actuales.
- **Indicadores de desempeño**: tasas de productividad, calidad, tiempos de respuesta o niveles de satisfacción, que aportan una base cuantitativa al diagnóstico.

Ejemplo

Un equipo de atención al cliente se propone mejorar sus tiempos de respuesta. Antes de definir objetivos, recopila información: se observa que el tiempo medio de contestación es de 48 horas, que existen demoras porque el sistema informático no integra las consultas y que el equipo carece de formación en la gestión simultánea de varios canales. Al mismo tiempo, se identifica que la competencia atiende en menos de 24 horas y que los usuarios valoran de forma negativa la lentitud.

Este diagnóstico inicial no solo describe el estado actual, sino que evidencia causas, limitaciones y comparaciones externas, lo cual permitirá definir metas realistas y alineadas con las necesidades.

Fig. 4. Una definición incorrecta o superficial de la situación suele provocar objetivos irreales, planes de acción mal enfocados y frustración en la ejecución

Anotación

La calidad de la planificación depende directamente de la precisión de este primer paso: "un diagnóstico pobre conduce a un plan débil".

1.2. Especificar los objetivos

Una vez comprendida y descrita la situación inicial, el siguiente paso en la planificación del trabajo consiste en **especificar los objetivos**. Los objetivos representan **el rumbo hacia el cual se orientarán los esfuerzos** y, por tanto, constituyen el núcleo del plan. Definirlos de manera clara, medible y alcanzable evita la dispersión de tareas, reduce la ambigüedad y permite evaluar con precisión si se han conseguido los resultados esperados.

Un objetivo no es simplemente una declaración de intenciones; debe traducirse en una **meta concreta** que guíe tanto las decisiones estratégicas como las actividades operativas. En otras palabras, los objetivos son **puentes entre el diagnóstico y la acción**.

A. Características de los objetivos eficaces

Un objetivo vago conduce a confusión, mientras que un objetivo preciso aporta dirección y motivación. Para que un objetivo sirva realmente como guía, debe cumplir con una serie de requisitos básicos:

- **Claridad**: redactado en términos simples y comprensibles para todas las personas implicadas.
- **Especificidad**: define exactamente qué se busca lograr, evitando expresiones genéricas como "mejorar" o "optimizar" sin contexto.
- **Medibilidad**: incluye indicadores o criterios verificables que permitan constatar su cumplimiento.
- **Realismo**: tiene en cuenta las limitaciones de recursos, tiempo y capacidades.
- **Relevancia**: está alineado con las necesidades detectadas en el análisis de la situación y con los objetivos globales de la organización.
- **Temporalidad**: establece un plazo claro para su consecución.

B. Tipología de objetivos

Los objetivos pueden clasificarse en diferentes niveles, lo que facilita distinguir entre aspiraciones generales y logros inmediatos.

Para comprender esta diferenciación, es útil presentar una secuencia que muestra cómo los objetivos estratégicos se concretan en metas operativas:

- **Objetivos estratégicos**: marcan el rumbo general y suelen estar vinculados a la visión y misión de la organización. Ejemplo: "Consolidar la posición de la empresa como referente en atención al cliente en el sector transporte".

- **Objetivos tácticos**: desarrollan los anteriores en áreas específicas, con un alcance intermedio. Ejemplo: "Reducir en un 20% los tiempos de respuesta de las consultas de los clientes en un plazo de seis meses".

- **Objetivos operativos**: se centran en acciones concretas, directamente ejecutables. Ejemplo: "Implantar un sistema de turnos de respuesta en el equipo de soporte para asegurar contestación en menos de 24 horas".

Ejemplo

Siguiendo con el caso del equipo de atención al cliente visto en el apartado anterior:
- **Situación actual**: el tiempo medio de respuesta es de 48 horas, mientras que la competencia responde en 24 horas o menos.
- **Objetivo general**: mejorar la rapidez y calidad en la atención al cliente.
- **Objetivo específico**: reducir el tiempo medio de respuesta de 48 a 24 horas en un plazo máximo de seis meses.
- **Indicador**: tiempo medio de respuesta registrado en el sistema de gestión de incidencias.
- **Plazo**: seis meses a partir de la implantación del plan.

Este ejemplo muestra cómo un objetivo bien formulado aporta una meta concreta, un criterio de medición y un horizonte temporal que permiten al equipo saber qué se espera y cuándo.

Anotación

Una formulación incorrecta de los objetivos —por ejemplo, "mejorar la atención al cliente" sin indicadores ni plazos— impide evaluar resultados y genera desmotivación. Por el contrario, objetivos claros facilitan la coordinación, aumentan la motivación y sirven de base para la toma de decisiones durante la ejecución del plan.

1.3. Desarrollar hipótesis

Tras definir la situación inicial y especificar los objetivos, el siguiente paso consiste en **desarrollar hipótesis de actuación**. En el contexto de la planificación, una hipótesis no se entiende en el sentido científico estricto, sino como una **propuesta razonada de posibles soluciones o líneas de acción** que podrían permitir alcanzar los objetivos fijados.

De este modo, el plan no se basa en una única idea preconcebida, sino en la evaluación comparativa de diferentes posibilidades.

Fig. 5. La elaboración de hipótesis cumple una función esencial: ampliar el espectro de alternativas antes de tomar una decisión definitiva

A. Características de una buena hipótesis de actuación

Para que una hipótesis sea útil en la planificación, debe cumplir ciertos requisitos:

- **Coherencia con la situación diagnosticada**: debe responder a las necesidades reales detectadas en el análisis inicial.

- **Orientación al objetivo**: debe estar alineada con las metas específicas establecidas.

- **Viabilidad**: ha de poder ejecutarse con los recursos, competencias y plazos disponibles.
- **Capacidad de evaluación**: debe generar resultados observables que permitan comprobar su efectividad.
- **Flexibilidad**: ha de admitir ajustes en caso de que las condiciones cambien durante la ejecución.

B. Metodología para formular hipótesis

La construcción de hipótesis suele seguir un razonamiento estructurado que conecta la **situación** con el **objetivo**, proponiendo un **camino posible** entre ambos. Antes de enumerar los pasos más habituales, conviene destacar que este proceso evita improvisaciones y ayuda a prever escenarios alternativos.

1. **Identificar el problema central o la necesidad**: ¿qué se debe resolver o mejorar?
2. **Relacionar causas y efectos**: ¿qué factores influyen en esa situación?
3. **Proponer una línea de actuación concreta**: por ejemplo, implementar una nueva metodología de trabajo, reestructurar recursos o introducir una tecnología de apoyo.
4. **Anticipar resultados esperados**: establecer qué cambios se prevé obtener si se aplica la hipótesis.
5. **Definir indicadores de comprobación**: señalar cómo se verificará si la hipótesis es válida.

Ejemplo

Retomando el caso del equipo de atención al cliente:
- **Situación inicial**: el tiempo de respuesta medio es de 48 horas.
- **Objetivo**: reducirlo a 24 horas en un plazo de seis meses.
- **Hipótesis A**: la reducción del tiempo puede lograrse implantando un sistema de turnos que garantice atención diaria.
- **Hipótesis B**: la reducción puede alcanzarse mediante la incorporación de un *software* de gestión de incidencias que centralice consultas en múltiples canales.
- **Hipótesis C**: el resultado puede lograrse reforzando la formación del personal en multitarea y gestión de prioridades.

Cada una de estas hipótesis propone una vía diferente, que después deberá evaluarse en términos de coste, impacto, viabilidad y alineación con la estrategia

Saber más

En gestión de proyectos, el desarrollo de hipótesis se relaciona con el concepto de escenarios alternativos. Herramientas como el análisis de escenarios permiten prever cómo se comportará un plan bajo diferentes condiciones (optimista, pesimista, realista). Esto enriquece la toma de decisiones y fortalece la capacidad de adaptación.

2. Descripción de los hechos y analizarlos

Una vez que se han definido la situación de partida, los objetivos y las hipótesis de actuación, resulta imprescindible detenerse en la **descripción y análisis de los hechos**.

La planificación eficaz no se apoya únicamente en percepciones o intuiciones; se construye sobre un **análisis riguroso de evidencias**. Describir hechos implica registrar lo que sucede sin sesgos, mientras que analizarlos supone interpretarlos en función de su impacto en los objetivos previamente fijados.

Fig. 6. Hay que observar de manera estructurada lo que ocurre en la práctica, traducir esa información en datos comprensibles y, finalmente, interpretarlos para facilitar la toma de decisiones fundamentadas

A. Elementos que deben describirse

Antes de pasar al análisis, conviene precisar qué hechos son relevantes. La selección depende del contexto, pero en términos generales deben considerarse:

- **Resultados actuales**: niveles de productividad, calidad, satisfacción o eficiencia.
- **Procesos en curso**: secuencias de actividades, tiempos de ejecución, recursos empleados.
- **Incidencias y desviaciones**: retrasos, fallos recurrentes, costes no previstos.
- **Condiciones externas**: cambios normativos, demandas de clientes, tendencias de mercado.

Fig. 7.La clave es distinguir entre hechos relevantes y ruido, evitando perder tiempo en detalles que no aportan valor al análisis del plan

- **Recursos humanos**: capacidades, cargas de trabajo, rotación o motivación del personal.

B. Del dato al análisis

La simple acumulación de datos no constituye un análisis. Es necesario organizar la información de manera que permita extraer conclusiones útiles. Este proceso suele incluir:

1. **Clasificación de hechos**: agruparlos por áreas (finanzas, recursos, operaciones, entorno).
2. **Identificación de patrones**: buscar tendencias, repeticiones o relaciones entre variables.
3. **Detección de causas**: establecer qué hechos son síntomas y cuáles son raíces de un problema.
4. **Medición del impacto**: valorar cómo cada hecho influye en los objetivos planteados.

Ejemplo

En un proyecto de digitalización de expedientes, la descripción de los hechos podría incluir:
- Retrasos acumulados en la carga de documentos.
- Baja familiaridad del personal con la nueva aplicación informática.
- Duplicación de tareas entre dos departamentos por falta de coordinación.
- Coste superior al previsto en licencias de *software*.

El análisis de esos hechos mostraría que el retraso no se debe solo a la herramienta, sino a la falta de capacitación del personal y a la ausencia de un protocolo único de carga de información.

Así, el análisis transforma datos aislados en causas interrelacionadas que orientan mejor las decisiones.

C. Herramientas para el análisis

Existen diversas técnicas que ayudan a estructurar los hechos y darles significado. Antes de enumerarlas, conviene recordar que lo importante es **usar la herramienta como apoyo**, no como fin en sí misma:

- **Diagrama de Ishikawa (causa–efecto)**: identifica de forma visual las posibles causas de un problema.

- **Matriz de Pareto (80/20)**: permite priorizar los hechos que generan mayor impacto.
- **Indicadores clave (KPI)**: traducen los hechos en métricas cuantificables.
- **Análisis comparativo**: confronta los datos actuales con estándares internos o del sector.

Ejemplo

En una empresa logística que analiza retrasos en entregas, un diagrama de Ishikawa podría revelar causas vinculadas al transporte (falta de vehículos), a los procesos (planificación ineficiente), a las personas (falta de formación) y a factores externos (tráfico, normativas de circulación).

La **objetividad** es crucial en esta fase. Una descripción incompleta o sesgada de los hechos lleva a conclusiones equivocadas. Por eso se recomienda triangular la información: combinar datos cuantitativos (informes, métricas) con cualitativos (observaciones, entrevistas).

En definitiva, describir y analizar los hechos es la base que permitirá, en los siguientes pasos, **considerar líneas de actuación posibles, evaluarlas, decidir cuál implantar y controlar su ejecución**. Sin este diagnóstico sólido, todo el plan de trabajo corre el riesgo de sostenerse sobre suposiciones.

2.1. Tener en cuenta las distintas líneas de actuación posibles

Una vez descritos y analizados los hechos, el siguiente paso consiste en **plantear distintas líneas de actuación** que puedan dar respuesta a los problemas detectados o a las oportunidades identificadas. Este momento es crucial porque evita caer en la trampa de la "única solución evidente" y abre el abanico de posibilidades antes de tomar decisiones definitivas.

Fig. 8. Las líneas de actuación son estrategias o caminos alternativos que, en teoría, permitirían alcanzar los objetivos fijados

No son todavía decisiones cerradas, sino propuestas que se someten a contraste, discusión y evaluación.

Algunos principios básicos que guían su formulación son:

- **Creatividad**: se deben considerar opciones innovadoras, incluso aquellas que en un inicio puedan parecer poco convencionales.
- **Viabilidad**: cada línea debe plantearse dentro de los márgenes de recursos, tiempo y capacidades disponibles.
- **Coherencia**: las alternativas deben responder de manera directa a los objetivos establecidos.
- **Diversidad**: cuanto más variadas sean las propuestas, más posibilidades habrá de encontrar una solución ajustada.

A. Técnicas para generar alternativas

Existen diferentes métodos que facilitan la construcción de posibles líneas de actuación. Entre los más habituales se encuentran:

- **Lluvia de ideas (*brainstorming*)**: fomenta la generación espontánea de propuestas sin juicios previos.
- **Mapas mentales**: permiten visualizar de forma gráfica distintas vías de acción a partir de un problema central.
- **Técnica Delphi**: se basa en la consulta estructurada a expertos para recoger diversas perspectivas.

- **Benchmarking**: observar lo que hacen organizaciones similares y extraer posibles adaptaciones.

- **Análisis de escenarios**: formular posibles futuros (optimista, realista, pesimista) y plantear líneas de actuación adecuadas a cada uno.

En una empresa que busca reducir los retrasos en entregas logísticas, podrían plantearse las siguientes líneas de actuación:
- **Opción A**: invertir en nuevos vehículos y ampliar la flota.
- **Opción B**: optimizar las rutas mediante *software* de geolocalización avanzada.
- **Opción C**: externalizar parte de las entregas en picos de alta demanda.
- **Opción D**: reestructurar los turnos de trabajo para garantizar mayor disponibilidad en horas críticas.

Cada una de estas líneas es una respuesta potencial al problema descrito, y todas se mantienen abiertas a evaluación posterior.

B. Valor añadido de este paso

La consideración de múltiples líneas de actuación permite:

1. **Evitar sesgos**: al tener varias opciones, se reduce el riesgo de elegir la primera solución aparente sin contrastarla.

2. **Fomentar la participación**: el equipo puede implicarse proponiendo y debatiendo alternativas, lo que refuerza el compromiso.

3. **Enriquecer el análisis**: incluso las alternativas descartadas aportan información útil sobre lo que no funcionaría en el contexto concreto.

4. **Preparar el terreno para la evaluación**: contar con varias líneas facilita la comparación sistemática de ventajas e inconvenientes en la siguiente etapa.

Anotación

En este punto del proceso todavía no se decide, solo se identifican opciones. La riqueza de la planificación depende de cuántas alternativas se consideren y de la calidad del análisis posterior.

2.2. Evaluar dichas alternativas

Una vez identificadas varias líneas de actuación posibles, el siguiente paso es **evaluarlas de manera sistemática** para determinar cuáles resultan más adecuadas en relación con los objetivos planteados. Esta fase transforma un conjunto de ideas en un **proceso comparativo y fundamentado**, en el que cada opción se analiza bajo criterios previamente definidos.

Fig. 9. La evaluación no persigue encontrar "la solución perfecta" —algo casi inexistente en entornos reales—, sino la solución más conveniente y equilibrada teniendo en cuenta limitaciones, riesgos y beneficios

Para analizar cada alternativa, conviene aplicar criterios objetivos que reduzcan la influencia de percepciones subjetivas. Entre los más frecuentes se encuentran:

- **Viabilidad técnica**: si existen los recursos, competencias y tecnologías necesarias para ponerla en marcha.
- **Viabilidad económica**: si el coste de la alternativa es asumible en comparación con el presupuesto disponible.

- **Impacto en los objetivos**: hasta qué punto la alternativa contribuye al logro de las metas definidas.
- **Tiempo de implementación**: si puede desarrollarse dentro de los plazos previstos.
- **Riesgos asociados**: probabilidad de fracaso, barreras de aceptación o factores externos que puedan afectar.
- **Sostenibilidad**: capacidad de la opción para mantenerse en el tiempo sin agotar recursos ni generar efectos adversos.

A. Herramientas de apoyo

Para realizar una evaluación comparativa estructurada se pueden emplear diferentes instrumentos. Antes de enumerarlos, conviene recordar que la elección de la herramienta depende de la complejidad del proyecto y del número de alternativas.

- **Matriz de priorización**: tabla en la que se listan las alternativas y se puntúan según los criterios seleccionados.
- **Análisis coste–beneficio**: compara el valor económico de los beneficios esperados frente a los costes de implementación.
- **Método de ponderación**: asigna un peso relativo a cada criterio (ejemplo: impacto 40%, coste 30%, tiempo 20%, riesgos 10%) y calcula una puntuación total para cada opción.
- **Árbol de decisiones**: representa gráficamente las alternativas, sus posibles resultados y probabilidades asociadas.

En el caso de la empresa logística con retrasos en entregas, se habían planteado cuatro opciones:

- **A**: ampliar la flota de vehículos.
- **B**: optimizar rutas mediante *software*.
- **C**: externalizar entregas en picos de demanda.
- **D**: reestructurar turnos de trabajo.

Aplicando una **matriz de evaluación simplificada**, se podría obtener lo siguiente (puntuación del 1 al 5):

Alternativa	Viabilidad técnica	Coste	Impacto en objetivo	Tiempo de implantación	Riesgos	Puntuación total
Ampliar flota	5	2	4	2	3	16
Software de rutas	4	4	5	4	4	21
Externalización	4	3	3	5	3	18
Reestructurar turnos	5	5	3	4	4	21

En este ejemplo, las opciones **B y D** obtienen la puntuación más alta. Aunque ampliar la flota (A) podría tener gran impacto, su coste y plazo lo hacen menos viable.

Las principales ventajas de la evaluación comparativa son las siguientes:

- **Transparencia**: todas las personas implicadas pueden ver por qué una alternativa resulta preferible.

- **Racionalidad**: se evita decidir basándose solo en percepciones o intereses particulares.

- **Prioridad de recursos**: se asignan esfuerzos a las alternativas con mejor equilibrio entre coste, beneficio y riesgo.

- **Preparación para la decisión**: la evaluación proporciona la base para la selección final y su implantación.

Ejemplo

En un proyecto de formación online con baja tasa de finalización, se comparan tres hipótesis: tutorías en vivo, gamificación y módulos más breves. Tras la evaluación, gamificación recibe la mayor puntuación por su impacto en la motivación y bajo coste relativo, aunque se reconoce que combinarla con módulos más cortos podría potenciar aún más los resultados.

2.3. Decidir e implantar

Después de evaluar las distintas alternativas, llega el momento de **tomar una decisión** y convertirla en acción. Este paso es crítico porque supone pasar de la fase de análisis a la de ejecución. No basta con identificar la mejor opción en teoría: es necesario asumir un compromiso claro, asignar responsabilidades y poner en marcha las medidas acordadas.

Decidir e implantar significa, en esencia, escoger la alternativa más adecuada y llevarla a la práctica de forma estructurada.

Fig. 10. Una buena decisión acompañada de una implantación deficiente puede fracasar; por eso ambos aspectos deben considerarse de manera conjunta

A. Claves para tomar decisiones

La decisión final debe basarse en los resultados de la evaluación, pero también considerar aspectos adicionales como la aceptación del equipo o la coherencia con la estrategia global. Antes de enumerar los puntos principales, conviene señalar que decidir no siempre significa optar por una sola alternativa: en ocasiones, la mejor solución es una **combinación** de varias.

- **Consenso o autoridad**: la decisión puede tomarse mediante consenso del grupo, o bien por una figura con autoridad reconocida.

- **Criterios de priorización**: se debe justificar por qué se elige una alternativa sobre las demás, mostrando transparencia en el proceso.

- **Viabilidad inmediata**: se valoran los recursos y condiciones disponibles en el momento de la decisión.

- **Aceptación social**: considerar cómo percibirán la decisión los miembros del equipo y los afectados por su implantación.

- **Gestión de riesgos**: evaluar qué riesgos se asumen y cómo se mitigarán.

B. Implantación de la decisión

Una vez tomada la decisión, se inicia la fase de **implantación**, que transforma el plan en acciones concretas. Este proceso implica:

1. **Comunicar la decisión** de manera clara a todas las partes implicadas.
2. **Asignar responsabilidades** precisando quién hace qué, cuándo y con qué recursos.
3. **Diseñar un cronograma operativo** con fechas, hitos y entregables.
4. **Proveer los recursos necesarios**: materiales, tecnológicos, humanos o financieros.
5. **Establecer mecanismos de seguimiento inicial** para verificar que la implantación avanza según lo previsto.

Ejemplo

En el caso de la empresa logística:
1. Tras evaluar las opciones, se decide implantar un *software* de optimización de rutas (opción B) y restructurar los turnos de trabajo (opción D).
2. El responsable de operaciones comunica la decisión al equipo en una reunión general.
3. Se nombra un coordinador de proyecto para liderar la implantación.
4. El cronograma fija tres semanas para instalar el *software* y capacitar al personal, y dos semanas para reorganizar turnos.
5. Se asigna presupuesto para la licencia del *software* y horas extras iniciales de adaptación.

Con estas medidas, la decisión no se queda en el papel, sino que se convierte en un conjunto de acciones ordenadas y verificables.

Algunos riesgos comunes en esta fase son:

- **Falta de comunicación**: si la decisión no se transmite con claridad, pueden generarse resistencias o malentendidos.

- **Implantación apresurada**: tomar la decisión correcta, pero sin preparar la ejecución conduce a errores.

- **Carencia de recursos**: elegir una alternativa viable en teoría, pero sin dotarla de medios, provoca su fracaso.

- **Resistencia al cambio**: la aceptación del equipo es un factor determinante en la efectividad de la implantación.

Anotación

La toma de decisiones no finaliza con la elección: solo tiene sentido si se acompaña de una implantación eficaz. De hecho, muchas decisiones estratégicas fracasan no por ser erróneas, sino por ejecutarse de manera deficiente o sin un seguimiento adecuado.

2.4. Controlar la implantación

La fase de implantación no concluye en el momento en que se pone en marcha la alternativa elegida. Para garantizar su éxito, resulta esencial establecer un **sistema de control y seguimiento** que permita comprobar si las acciones se ejecutan conforme a lo planificado, detectar desviaciones y aplicar correcciones a tiempo.

Controlar la implantación significa, en términos prácticos, vigilar la ejecución del plan en la realidad cotidiana, comparando lo previsto con lo que realmente ocurre. Este control no tiene un carácter punitivo, sino de aprendizaje y ajuste continuo, ya que ningún plan se desarrolla sin imprevistos.

El control cumple varias funciones que fortalecen la planificación y la gestión:

- **Verificar el cumplimiento** de las actividades, plazos y entregables establecidos.

- **Detectar desviaciones** respecto a los recursos, costes o calidad previstos.

- **Adoptar medidas correctivas** de manera temprana para evitar consecuencias mayores.
- **Aprender del proceso** para mejorar futuras planificaciones y decisiones.
- **Asegurar la transparencia** y la rendición de cuentas frente a los implicados.

A. Herramientas de control

La elección de un sistema de control debe ser **proporcional a la magnitud del proyecto**: un control excesivamente complejo puede consumir más recursos de los que ahorra. Entre las herramientas destacan:

- **Indicadores de desempeño (KPI)**: permiten medir avance, calidad y costes de manera objetiva.
- **Tableros de control (*dashboard*)**: visualización gráfica de los indicadores más relevantes en tiempo real.
- **Informes de progreso**: documentos estructurados que recogen el estado actual frente a lo planificado.
- **Auditorías internas**: revisiones más profundas para proyectos de gran envergadura o impacto.

Fig. 11. Las reuniones de seguimiento son espacios periódicos donde se revisan hitos alcanzados y dificultades encontradas

Ejemplo

Siguiendo con el caso de la empresa logística:
- Se establece un indicador principal: tiempo medio de entrega.
- Se fijan reuniones semanales de seguimiento entre el responsable de operaciones y los jefes de turno.
- El *software* de rutas genera un tablero digital con información en tiempo real sobre el estado de cada envío.
- Cuando se detecta que en la primera semana los tiempos no se reducen como se esperaba, se aplica una medida correctiva: reforzar la capacitación del personal en el uso del sistema.

De este modo, el control no solo detecta la desviación, sino que facilita la corrección sin comprometer el cumplimiento del objetivo final.

Los riesgos de un control deficiente son:

- **Detección tardía de errores**: lo que podría resolverse con un ajuste menor termina convirtiéndose en un problema estructural.

- **Falta de compromiso**: si no se controlan resultados, el equipo puede relajarse en el cumplimiento de tareas.

- **Desconexión entre plan y ejecución**: sin seguimiento, el plan queda en el papel y no en la práctica.

El control efectivo debe ser **constante pero no invasivo**: su función es apoyar al equipo, no generar burocracia innecesaria. Un control flexible y adaptativo convierte la implantación en un proceso vivo, en el que cada ajuste suma valor al resultado final.

3. Análisis de resultados

El análisis de resultados comienza definiendo **criterios claros de evaluación** y seleccionando los **indicadores adecuados** para medirlos. Sin este paso, cualquier análisis se convierte en una interpretación subjetiva que dificulta la toma de decisiones y la mejora continua. Los criterios indican *qué se valora*; los indicadores, *cómo se mide*.

En un plan de trabajo, los criterios suelen alinearse con los objetivos establecidos. Si los objetivos eran reducir tiempos de respuesta, mejorar la calidad del servicio o ajustar los costes, los criterios deben reflejar justamente esas dimensiones.

Los aspectos más relevantes que suelen emplearse para valorar un plan son:

- **Eficiencia**: relación entre los recursos utilizados (tiempo, dinero, esfuerzo) y los resultados obtenidos.
- **Eficacia**: grado en que se alcanzaron los objetivos propuestos.
- **Calidad**: nivel de satisfacción de los usuarios o beneficiarios con los resultados.
- **Impacto**: efectos directos e indirectos generados por la implantación del plan.
- **Sostenibilidad**: capacidad de mantener los resultados en el tiempo sin agotar recursos.

A. Indicadores: tipos y características

Un indicador es un valor numérico, cualitativo o mixto que **traduce un criterio en una medida observable**.

Fig. 12. Para que un indicador sea útil debe ser específico, medible, comprensible y verificable

Los indicadores pueden clasificarse en tres categorías principales:

1. **Indicadores de proceso**: miden cómo se desarrollaron las actividades. Ejemplo: porcentaje de tareas finalizadas en plazo.
2. **Indicadores de resultado**: valoran el logro inmediato de los objetivos. Ejemplo: reducción del tiempo de respuesta al cliente en un 30%.

3. **Indicadores de impacto**: analizan efectos más amplios o a largo plazo. Ejemplo: aumento del 15% en la satisfacción general del cliente tras la implantación.

Ejemplo

En el caso de la empresa logística que buscaba reducir retrasos en las entregas:
- **Criterio de eficiencia**: uso óptimo de los vehículos disponibles.
  - o **Indicador**: porcentaje de ocupación media por ruta.
- **Criterio de eficacia**: cumplimiento de los plazos prometidos.
  - o **Indicador**: porcentaje de entregas realizadas en menos de 24 horas.
- **Criterio de calidad**: satisfacción de los clientes con el servicio.
  - o **Indicador**: puntuación media en encuestas post-entrega.
- **Criterio de impacto**: fidelización y reputación de la empresa.
  - o **Indicador**: número de clientes que repiten el servicio en el trimestre siguiente.

Estos indicadores ofrecen una visión integral del desempeño, combinando aspectos cuantitativos y cualitativos.

Anotación

Un error común es elegir demasiados indicadores o centrarse en aquellos fáciles de medir, aunque no sean los más relevantes. Es preferible seleccionar pocos indicadores, pero que sean estratégicos y accionables, es decir, que realmente orienten las decisiones de mejora.

B. Comparación entre lo planificado y lo ejecutado

Una vez definidos los criterios e indicadores, el siguiente paso en el análisis de resultados consiste en comparar lo que se había planificado con lo que realmente se ha ejecutado. Esta fase convierte los datos recogidos en información significativa, permitiendo valorar el grado de cumplimiento del plan y detectar las desviaciones producidas.

La comparación no debe interpretarse como una simple comprobación de cifras; es un proceso de **contraste crítico** que revela fortalezas, debilidades y oportunidades de mejora.

La comparación entre lo planificado y lo ejecutado puede abordarse en varias dimensiones:

- **Tiempo**: plazos previstos frente a los plazos reales de ejecución.
- **Costes**: presupuesto estimado frente al gasto final.
- **Recursos**: disponibilidad inicial de personas y medios frente a los realmente empleados.
- **Calidad**: nivel de satisfacción esperado frente a los resultados obtenidos.
- **Resultados**: metas cuantitativas previstas frente a logros efectivos (por ejemplo, reducción de tiempos, aumento de productividad, satisfacción del cliente).

C. Enfoque del análisis de desviaciones

Las desviaciones no siempre son negativas: pueden ser también **mejoras no previstas**. Los pasos más comunes son:

1. **Identificar desviaciones**: localizar dónde hay diferencias significativas entre lo planificado y lo ejecutado.
2. **Cuantificarlas**: determinar en qué magnitud se apartan de la previsión.
3. **Analizar causas**: diferenciar si las desviaciones provienen de factores internos (errores de cálculo, falta de recursos, resistencia al cambio) o externos (factores de mercado, normativas, crisis imprevistas).
4. **Valorar consecuencias**: identificar si afectan al cumplimiento de objetivos globales o solo a aspectos parciales.

Ejemplo

En el proyecto de digitalización de expedientes:
- **Planificado**: completar la digitalización de 10.000 expedientes en tres meses con un presupuesto de 50.000 €.
- **Ejecutado**: se digitalizaron 8.500 expedientes en ese plazo, con un gasto de 55.000 €.
- **Desviaciones**:
  - o Plazo cumplido, pero menor volumen del previsto (−15%).
  - o Presupuesto superado en 5.000 € (+10%).
- **Causas identificadas**: falta de capacitación inicial del personal y problemas técnicos con la aplicación informática.

Este análisis no solo muestra dónde se desviaron los resultados, sino que permite orientar futuras acciones (refuerzo de formación, pruebas previas más exhaustivas).

D. Herramientas de apoyo

Existen diferentes instrumentos para facilitar la comparación entre lo planificado y lo ejecutado:

- **Cuadro comparativo**: tablas que reflejan valores planificados y reales, junto con el porcentaje de desviación.

- **Gráficos de avance**: permiten visualizar de forma sencilla las diferencias (por ejemplo, gráfico de barras con metas frente a resultados).

- **Método del valor ganado (EVM)**: técnica que combina coste, tiempo y alcance para evaluar el rendimiento de un proyecto.

Ejemplo

En la empresa logística que buscaba reducir tiempos de entrega, el objetivo era disminuir el promedio de 48 a 24 horas. Tras tres meses, se alcanzaron 28 horas de media. Aunque no se cumplió el objetivo al 100%, la reducción fue significativa (−20 horas), lo que demuestra un avance importante y evidencia que las medidas implantadas iban en la dirección correcta.

E. Lecciones aprendidas y mejora continua

El análisis de resultados no se limita a constatar cifras o desviaciones.

Fig. 13. El valor real reside en extraer lecciones aprendidas que permitan a la organización evolucionar y mejorar de manera continua

Este paso convierte la experiencia en conocimiento útil, evitando repetir errores y consolidando prácticas exitosas.

Las lecciones aprendidas son **conclusiones prácticas** obtenidas tras comparar lo planificado y lo ejecutado. Funcionan como una memoria crítica que sirve de base para futuros proyectos o planes de trabajo. Sirven para:

- **Identificar buenas prácticas** que han generado resultados positivos y que conviene mantener.
- **Detectar errores recurrentes** para diseñar medidas preventivas en futuros planes.
- **Mejorar procesos internos** de comunicación, coordinación y ejecución.
- **Aumentar la capacidad de anticipación** frente a imprevistos o riesgos similares.

El proceso suele estructurarse en tres fases:

1. **Recopilar experiencias**: recoger testimonios del equipo, informes de seguimiento e indicadores de desempeño.

2. **Analizar en grupo**: discutir qué funcionó bien, qué falló y por qué, utilizando dinámicas de participación para implicar a todas las personas.
3. **Documentar y difundir**: registrar las conclusiones en un formato accesible (informe, base de datos de proyectos, manual interno) y asegurarse de que estén disponibles para futuros planes.

Ejemplo

En la empresa logística que implementó *software* de rutas y reestructuró turnos:
- **Lección positiva**: la capacitación temprana en el *software* redujo los errores y aceleró la adopción.
- **Lección negativa**: la comunicación del cambio de turnos fue insuficiente, lo que generó resistencias iniciales.
- **Medida de mejora**: en futuros cambios organizativos se establecerá un plan de comunicación interno con reuniones explicativas y canales de retroalimentación antes de la implantación.

Este aprendizaje no solo corrige un error puntual, sino que crea un estándar de actuación más sólido para el futuro.

Las lecciones aprendidas alimentan el ciclo de **mejora continua**, entendido como la capacidad de ajustar procesos y estrategias de manera progresiva. En este sentido, la planificación deja de ser un ejercicio estático y se convierte en un proceso dinámico de **planificar – ejecutar – evaluar – mejorar**.

Algunas prácticas habituales para integrar la mejora continua son:
- Revisiones periódicas de procedimientos.
- Actualización de protocolos a partir de experiencias reales.
- Implantación de sistemas de calidad (por ejemplo, ciclo PDCA: *Plan–Do–Check–Act*).
- Cultura de retroalimentación constante en los equipos.

Fig. 14. Una organización que aprende de sus planes —no solo de los éxitos, sino también de los fracasos— aumenta su resiliencia y su capacidad de innovación; cada resultado se transforma en un insumo para el siguiente plan, lo que garantiza evolución constante

F. Comunicación y retroalimentación de resultados

El análisis de resultados no tendría pleno sentido si se quedara en informes internos o en conclusiones reservadas a unos pocos. Para que sea realmente útil, es necesario comunicar los hallazgos y retroalimentar al equipo y a las partes interesadas, transformando los datos en conocimiento compartido y en motivación para seguir mejorando.

La comunicación convierte los resultados en un instrumento de transparencia y confianza, mientras que la retroalimentación asegura que la información vuelva al sistema para corregir desviaciones y reforzar buenas prácticas.

Antes de detallar cómo llevarla a cabo, conviene precisar qué se persigue al comunicar:

- **Informar** sobre el grado de cumplimiento de los objetivos.
- **Justificar** las decisiones tomadas y las desviaciones registradas.
- **Reconocer** los logros alcanzados, reforzando la motivación del equipo.
- **Impulsar mejoras** a partir de las lecciones aprendidas.
- **Generar confianza** con los actores internos y externos vinculados al proyecto.

G. Canales y formatos de comunicación

La elección del canal depende de la naturaleza del plan, del público y del nivel de detalle necesario:

- **Reuniones presenciales o virtuales**: ideales para transmitir avances y permitir el diálogo directo.
- **Informes escritos**: estructurados en secciones (objetivos, resultados, desviaciones, conclusiones, propuestas de mejora).
- **Tableros visuales (*dashboards*)** accesibles en tiempo real, que muestran indicadores clave de forma sencilla.
- **Presentaciones ejecutivas**: pensadas para la dirección o para partes interesadas externas, con síntesis clara de logros y aprendizajes.

H. Retroalimentación al equipo

La retroalimentación no se limita a exponer cifras; debe ofrecer un **retorno constructivo** que permita al equipo entender qué ha funcionado, qué debe mejorarse y cómo pueden implicarse en los próximos pasos.

Un proceso de retroalimentación efectivo incluye:

1. **Compartir resultados** de manera clara, usando datos y ejemplos.
2. **Escuchar opiniones** del equipo sobre dificultades y sugerencias.
3. **Reforzar logros** para mantener motivación.
4. **Definir ajustes** que se aplicarán en planes futuros o en fases posteriores.

Ejemplo

En el proyecto de digitalización de expedientes:
- Se presenta un informe a la dirección con cifras globales (8.500 expedientes digitalizados, coste 55.000 €).
- Se organiza una reunión de retroalimentación con el equipo para comentar los problemas detectados en la capacitación inicial.
- Se reconocen públicamente los avances logrados y el esfuerzo extra de quienes corrigieron incidencias técnicas.
- Se acuerda implementar sesiones de formación previas y más prácticas en futuros proyectos tecnológicos.

De este modo, la comunicación no solo cumple con la rendición de cuentas, sino que genera aprendizaje colectivo y compromiso renovado.

Resumen

El módulo se centra en la planificación del trabajo como herramienta esencial para organizar esfuerzos, reducir la incertidumbre y asegurar que los objetivos se alcancen con eficiencia y eficacia. Planificar implica decidir con antelación qué se va a hacer, cómo, quién lo hará, con qué recursos y en qué plazos, evitando la improvisación y favoreciendo la coordinación entre los miembros del equipo. La planificación no es estática: debe ser flexible y ajustarse a los cambios del entorno.

El primer paso es definir la situación de partida, lo que requiere un diagnóstico claro de factores internos (recursos, estructura, competencias, limitaciones) y externos (clientes, normativa, competencia, entorno). Este análisis inicial permite identificar problemas, necesidades y oportunidades sobre las que se estructurará el plan. A partir de ahí, es necesario especificar objetivos concretos y medibles, que sirvan de guía y permitan evaluar con precisión los resultados. La formulación de objetivos claros, siguiendo criterios como los del modelo SMART, asegura que las metas sean específicas, alcanzables, relevantes y limitadas en el tiempo.

Con la situación y los objetivos definidos, se procede a desarrollar hipótesis de actuación, entendidas como posibles líneas de solución o estrategias que podrían aplicarse para alcanzar las metas propuestas. Estas hipótesis deben ser coherentes, viables y evaluables, y su valor radica en ofrecer alternativas diversas que luego serán sometidas a análisis comparativo. Posteriormente, se describen y analizan los hechos en detalle, recogiendo datos objetivos y organizándolos para detectar causas y patrones. Este análisis se convierte en la base para plantear distintas líneas de actuación, evaluarlas de forma estructurada según criterios como viabilidad técnica, impacto, costes y riesgos, y finalmente decidir cuál implementar.

La implantación de la decisión convierte el plan en acción. Implica comunicar de manera clara la opción elegida, asignar responsabilidades, dotar de recursos al equipo y fijar un cronograma operativo. Sin embargo, la decisión no finaliza en su puesta en marcha: es imprescindible controlar la implantación, verificando que lo previsto se cumpla en la práctica, detectando desviaciones y corrigiéndolas a tiempo mediante indicadores, reuniones de seguimiento y tableros de control.

Finalmente, el módulo aborda el análisis de resultados, que consiste en evaluar el grado de cumplimiento de los objetivos a través de criterios e indicadores de eficacia, eficiencia, calidad, impacto y sostenibilidad. Comparar lo planificado con lo ejecutado permite identificar desviaciones, explicar sus causas y valorar sus consecuencias.

A partir de este análisis surgen las lecciones aprendidas, que refuerzan las buenas prácticas y evitan repetir errores, alimentando un ciclo de mejora continua. La comunicación y retroalimentación de resultados aseguran que los hallazgos se compartan con transparencia, motivando al equipo y fortaleciendo la capacidad de aprendizaje organizativo.

En síntesis, el módulo presenta la planificación como un proceso cíclico y dinámico que conecta diagnóstico, acción y evaluación, permitiendo a los equipos organizarse con criterio, adaptarse a los cambios y generar valor de forma sostenida.

Glosario

Análisis de hechos

Interpretación de los datos recopilados para identificar patrones, causas y efectos, y establecer las bases de la toma de decisiones.

Control de implantación

Seguimiento de la ejecución del plan para comprobar si se cumple lo previsto, detectar desviaciones y aplicar correcciones a tiempo.

Desviación

Diferencia entre lo planificado y lo realmente ejecutado en términos de tiempo, costes, calidad u otros aspectos.

Diagnóstico de la situación

Análisis inicial que describe el estado de partida, teniendo en cuenta factores internos (recursos, competencias, limitaciones) y externos (clientes, normativa, competencia, entorno).

Eficacia

Grado en el que se alcanzan los objetivos establecidos en el plan.

Eficiencia

Relación entre los recursos empleados (tiempo, dinero, esfuerzo) y los resultados obtenidos.

Evaluación de alternativas

Proceso de comparar las diferentes líneas de actuación mediante criterios objetivos como viabilidad, coste, impacto, tiempo y riesgos.

Hechos

Datos objetivos y verificables que describen la realidad actual del proceso o proyecto, recogidos para ser analizados y transformados en conocimiento útil.

Hipótesis de actuación

Propuesta razonada de posibles soluciones o estrategias que podrían aplicarse para alcanzar los objetivos fijados, y que deben ser coherentes, viables y evaluables.

Impacto

Efectos directos e indirectos que la ejecución del plan genera en el entorno, los usuarios o la organización.

Implantación

Ejecución práctica de la decisión tomada, que implica asignar recursos, fijar responsables y calendarizar acciones concretas.

Indicadores

Variables cuantitativas o cualitativas que permiten medir el grado de avance o logro de los objetivos (ejemplo: porcentaje de tareas completadas, satisfacción del cliente).

KPI (*Key Performance Indicator*)

Indicadores clave de desempeño que permiten medir aspectos críticos del éxito de un plan.

Lecciones aprendidas

Conclusiones extraídas tras la implantación de un plan, que recogen tanto los aciertos como los errores para aplicarlos en futuros proyectos.

Líneas de actuación

Alternativas posibles de acción que pueden aplicarse para resolver un problema o alcanzar un objetivo.

Mejora continua

Enfoque de gestión que busca perfeccionar procesos y resultados de manera constante, a través del ciclo planificar–ejecutar–evaluar–ajustar.

Objetivos SMART

Metodología para redactar objetivos que sean *Specific* (específicos), *Measurable* (medibles), *Achievable* (alcanzables), *Relevant* (relevantes) y *Time-bound* (limitados en el tiempo).

Objetivos

Metas específicas y medibles que orientan el plan de trabajo, indicando qué se pretende lograr en un plazo determinado.

Planificación

Proceso sistemático de decidir con antelación qué se hará, cómo, quién lo hará, con qué recursos y en qué plazos, con el fin de alcanzar objetivos de forma eficiente y ordenada.

Retroalimentación

Proceso mediante el cual se comunican los resultados y aprendizajes al equipo y a las partes interesadas, generando conocimiento compartido y motivación para mejorar.

Ejercicios de autoevaluación

1. **¿Qué significa planificar en el ámbito del trabajo en equipo?**

    a. Predecir con exactitud el futuro.

    b. Elaborar un listado de deseos generales.

    c. Decidir con antelación qué, cómo, quién, con qué recursos y cuándo realizar tareas.

    d. Delegar todas las decisiones en la dirección.

2. **¿Cuál de los siguientes es un principio fundamental de la planificación?**

    a. Improvisación constante.

    b. Coherencia con metas superiores y limitaciones reales.

    c. Desconexión entre diagnóstico y acción.

    d. Evitar la medición de resultados.

3. **En la fase de definición de la situación, ¿qué factores deben analizarse?**

    a. Únicamente las tendencias del mercado.

    b. Solo los recursos financieros disponibles.

    c. Factores internos (equipo, recursos) y externos (clientes, normativas, entorno).

    d. Las opiniones subjetivas del equipo directivo.

4. **¿Qué herramienta ayuda a identificar fortalezas y debilidades internas, así como amenazas y oportunidades externas?**

    a. Árbol de decisiones.

    b. Análisis DAFO.

    c. Mapa de procesos.

    d. *Benchmarking*.

5. ¿Qué característica NO corresponde a un objetivo bien formulado?

a. Claridad.

b. Medibilidad.

c. Ambigüedad.

d. Relevancia.

6. El modelo SMART para objetivos incluye:

a. Sencillo, Motivador, Alcanzable, Realista y Temporal.

b. Específico, Medible, Alcanzable, Relevante y Limitado en el tiempo.

c. Sencillo, Manejable, Atractivo, Reducido y Temporal.

d. Solo Medible y Alcanzable.

7. ¿Qué diferencia a un objetivo estratégico de uno operativo?

a. El estratégico orienta a largo plazo y el operativo a acciones inmediatas.

b. El operativo es más importante que el estratégico.

c. Ambos se redactan de la misma forma.

d. Los estratégicos nunca se cumplen.

8. En la fase de desarrollo de hipótesis, estas se entienden como:

a. Suposiciones sin fundamento.

b. Posibles líneas de actuación razonadas que permiten alcanzar objetivos.

c. Opiniones personales del responsable.

d. Soluciones definitivas ya decididas.

9. ¿Qué característica NO debe tener una hipótesis de actuación?

a. Orientación al objetivo.

b. Coherencia con la situación.

c. Capacidad de evaluación.

d. Rigidez absoluta, sin admitir ajustes.

10.¿Cuál es la finalidad de describir y analizar los hechos?

    a. Acumular datos sin interpretarlos.

    b. Transformar información en conocimiento útil para decidir.

    c. Elaborar informes sin aplicación práctica.

    d. Evitar la detección de causas de los problemas.

Aplicaciones prácticas

Aplicación práctica 1. Análisis de situaciones de liderazgo

Módulo 1. Liderazgo

Una empresa está implementando un nuevo sistema de gestión de proyectos. Tres responsables de equipo se enfrentan a situaciones que requieren aplicar buen juicio y estilo de liderazgo.

Identifica la mejor decisión en cada escenario:

Escenario 1: Reunión de planificación

El equipo muestra desinterés en la reunión inicial. El responsable percibe que varios miembros no comprenden la finalidad del nuevo sistema.

Opciones:
- a. Continuar con la reunión sin detenerse en explicaciones para no perder tiempo.
- b. Reforzar la comunicación de los objetivos, explicando cómo el sistema beneficiará al equipo y respondiendo dudas.
- c. Imponer el uso obligatorio del sistema sin debate.

Escenario 2: Conflicto entre compañeros

Dos empleados discuten sobre responsabilidades en una tarea crítica. El tono se eleva y amenaza con afectar la moral del grupo.

Opciones:
- a. Ignorar el conflicto para que se resuelva solo.
- b. Intervenir de inmediato, escuchando a ambas partes y buscando un acuerdo basado en datos objetivos.
- c. Culpar a uno de los trabajadores para zanjar rápido la discusión.

Escenario 3: Retraso inesperado

Un proveedor clave comunica que no podrá entregar un componente esencial a tiempo. Esto compromete la fecha de entrega.

Opciones:

   a. Ocultar el retraso al cliente para evitar tensiones.
   b. Evaluar alternativas con el equipo, comunicando de forma transparente la situación al cliente junto con un plan de contingencia.
   c. Culpar al proveedor y trasladar la responsabilidad externamente.

Aplicación práctica 2. Mejoras en la gestión de equipos

Módulo 1. Liderazgo

Una organización detecta varios problemas relacionados con la gestión de equipos. Analiza las situaciones que se exponen a continuación, y completa la tabla con las propuestas de mejora.

Situación observada	Impacto en el equipo	Propuesta de mejora
Reuniones semanales largas sin decisiones concretas	Pérdida de tiempo y desmotivación	
Falta de reconocimiento de los logros individuales	Desmotivación y rotación creciente	
Comunicación ambigua en la asignación de tareas	Confusión y retrasos en entregables	
Microgestión constante del responsable	Disminuye la autonomía y genera frustración	
Ausencia de retrospectivas tras los proyectos	Repetición de errores y falta de mejora continua	

Aplicación práctica 3. Liderazgo participativo

Módulo 2. Trabajo en equipo

Una cooperativa de transporte ha crecido en los últimos años y ahora necesita un nuevo software de gestión que centralice rutas, control de combustible, mantenimiento de vehículos y facturación.

El líder del equipo directivo se enfrenta a la siguiente situación:

- Existen tres softwares recomendados por el departamento técnico, todos con ventajas e inconvenientes.
- Los conductores piden un sistema sencillo, con una interfaz clara para el móvil.
- El personal administrativo prefiere un programa que facilite la facturación y los informes.
- El área de logística insiste en priorizar la optimización de rutas y control de costes.
- La dirección general exige que la implantación no se alargue más de 3 meses y que el coste sea razonable.

Este considera que, como líder, podría imponer la decisión directamente para no perder tiempo. Sin embargo, sabe que, si no consigue la aceptación del equipo, el uso del nuevo sistema puede ser ineficiente y generar conflictos internos.

Teniendo en cuenta esta información:

1. Identifica el principal dilema de liderazgo que enfrenta Javier.
2. Analiza las consecuencias de imponer la decisión sin participación del equipo.
3. Propón una técnica de consenso adecuada para este caso y explicar cómo aplicarla.
4. Explica cómo esta técnica podría mejorar el compromiso y la implantación del software.

Aplicación práctica 4. Organización del trabajo en equipo

Módulo 2. Trabajo en equipo

Un equipo de trabajo tiene la misión de elaborar un plan de comunicación interna en cuatro semanas. El grupo está formado por cinco personas con perfiles distintos: contenidos, diseño, análisis de datos, coordinación y apoyo administrativo.

Desde la primera reunión aparecen varios problemas:

- La persona que coordina no establece un sistema claro de seguimiento de tareas, por lo que cada miembro avanza a su manera sin saber en qué punto están los demás.
- Dos integrantes asumen simultáneamente la responsabilidad de diseñar las presentaciones, lo que provoca duplicación de esfuerzos y retrasos.
- No existe un cronograma con hitos semanales, de modo que las tareas se acumulan en los últimos días, generando presión y desorganización.
- Cuando llega el momento de definir los mensajes clave del plan, cada miembro propone un enfoque distinto. Tras dos horas de discusión no se logra acuerdo y se pospone la decisión, sin aplicar ninguna técnica de consenso.

Detecta los errores principales en la organización del trabajo en equipo y propón soluciones concretas, apoyadas en los contenidos sobre coordinación, asignación de competencias, planificación y técnicas de consenso.

Aplicación práctica 5. Análisis de problemas organizacionales

Módulo 3. Solución de problemas

En un departamento administrativo se detecta que el número de errores en la facturación ha aumentado del 2 % al 9 % en el último trimestre. Estos errores generan retrasos en los cobros, quejas de clientes y sobrecarga de trabajo en el equipo de contabilidad. La dirección percibe que el problema está deteriorando la imagen de la organización y aumentando los costes operativos.

La situación se presenta sin un análisis claro: algunos miembros del equipo señalan la falta de formación en el nuevo software de gestión, mientras que otros apuntan a que las cargas de trabajo son excesivas en determinadas franjas horarias. Además, la supervisión de los procesos se ha reducido por reasignación de tareas a otros departamentos.

Teniendo en cuenta esta información:

1. Define el problema de forma clara, aplicando los criterios vistos en el módulo.
2. Diferencia entre síntomas y posibles causas.
3. Propón al menos dos hipótesis de causa y una hipótesis de solución.

Aplicación práctica 6. Evaluación de alternativas y toma de decisiones

Módulo 3. Solución de problemas

Un centro de servicios detecta que el tiempo de espera de los clientes en el área de atención ha pasado de 5 minutos a 18 minutos en los últimos dos meses. El aumento ha generado quejas frecuentes y un descenso en la valoración de calidad del servicio.

Tras aplicar un análisis preliminar, se identifican las siguientes causas:

- Escasez de personal en franjas de máxima demanda.
- Software de turnos que no distribuye correctamente las citas.
- Procesos de registro inicial demasiado lentos.

El equipo propone varias alternativas:

- Aumentar el personal de refuerzo en horas punta.
- Actualizar el software de turnos para mejorar la distribución.
- Simplificar el proceso de registro reduciendo pasos innecesarios.

Por tanto, teniendo en cuenta esta información:

1. Evalúa las alternativas aplicando criterios de impacto, viabilidad y coste.
2. Selecciona la alternativa prioritaria y justifica tu elección.
3. Explica cómo se debería implantar y controlar la solución elegida.

Aplicación práctica 7. Análisis de resultados en planes de trabajo

Módulo 4. Plan de trabajo

Un equipo de desarrollo tenía previsto completar la digitalización de 12.000 expedientes en tres meses, con un presupuesto de 60.000 €. Al finalizar el plazo, los resultados muestran:

- Expedientes digitalizados: 9.200.
- Presupuesto ejecutado: 68.000 €.
- Tiempo medio de digitalización por expediente: superior en un 20 % al estimado.
- Encuestas de satisfacción del equipo: indican dificultades técnicas y falta de formación inicial.

Elabora un informe breve de análisis de resultados, en el que se indiquen las desviaciones detectadas, sus posibles causas y al menos dos recomendaciones de mejora para futuros planes de trabajo.

Aplicación práctica 8. Implantación de medidas correctivas

Módulo 4. Plan de trabajo

En un plan de modernización de procesos internos, se detecta en la primera fase que el tiempo de validación de documentos se ha duplicado respecto a lo previsto. El plan contemplaba un plazo máximo de 5 días hábiles, pero el tiempo real está siendo de 10 días.

El responsable del plan propone dos medidas correctivas inmediatas:

- Contratar personal de refuerzo para las validaciones.
- Automatizar parte del proceso con una herramienta digital que ya está disponible, aunque requiere dos semanas de implantación y formación.

Elabora una propuesta razonada de solución indicando cuál de las dos medidas debería priorizarse, justificando tu elección en términos de eficacia, eficiencia y sostenibilidad.

Ejercicio de evaluación final

1. Una característica fundamental del buen juicio es:

a. Evitar tomar decisiones difíciles.

b. Mantener la objetividad basándose en hechos y datos.

c. Seguir siempre la opinión mayoritaria.

d. Actuar sin considerar consecuencias.

2. ¿Cuál es el primer paso para tomar decisiones con buen juicio?

a. Comunicar la decisión.

b. Evaluar ventajas e inconvenientes.

c. Definir claramente el problema o situación.

d. Revisar los resultados.

3. ¿Qué dimensión NO forma parte del esquema de viabilidad de una propuesta?

a. Técnica.

b. Operativa.

c. Económica.

d. Ideológica.

4. El objetivo dentro de una propuesta responde a la pregunta:

a. ¿Cómo se realizará?

b. ¿Qué se pretende lograr?

c. ¿Quién será el responsable?

d. ¿Qué beneficios se obtuvieron en el pasado?

5. La justificación en una propuesta debe basarse en:

a. Opiniones sin datos.

b. Evidencias que expliquen la necesidad o la oportunidad.

c. Repetición de objetivos.

d. Exclusivamente en comparaciones con la competencia.

6. ¿Qué diferencia una idea aislada de una propuesta viable?

a. La participación del equipo.

b. El grado de estructuración y viabilidad práctica.

c. La creatividad del planteamiento.

d. La rapidez con que se formula.

7. ¿Qué fase de la metodología de propuestas implica contrastar y ajustar el planteamiento con otros?

a. Diseño.

b. Comunicación.

c. Validación.

d. Detección de necesidades.

8. ¿Qué herramienta permite identificar los grupos que pueden influir o verse afectados por la propuesta?

a. Mapa de actores (*stakeholders*).

b. Matriz DAFO.

c. Plan de comunicación.

d. Cronograma.

9. Para persuadir al presentar una propuesta, es más eficaz:

    a. Imponer la decisión final.

    b. Apoyarse en datos objetivos y beneficios claros.

    c. Usar un lenguaje técnico complejo.

    d. Ignorar las objeciones.

10.La gestión de objeciones durante la presentación de una propuesta se basa en:

    a. Evitar que el público hable.

    b. Contradecir con firmeza sin escuchar.

    c. Escuchar, reconocer la preocupación y responder con argumentos.

    d. Posponer indefinidamente la respuesta.

11.¿Qué tipo de encuestas permiten respuestas abiertas y matizadas?

    a. Cerradas.

    b. Abiertas.

    c. Mixtas con preguntas cerradas.

    d. Escalas de Likert únicamente.

12.Una entrevista semiestructurada se caracteriza por:

    a. Carecer totalmente de preguntas previas.

    b. Combinar un guion básico con flexibilidad para profundizar.

    c. Ser idéntica a un cuestionario de opción múltiple.

    d. Ser más breve que una encuesta cerrada.

13.El informe en un proceso de consenso sirve para:

a. Imponer la opinión del líder.

b. Evitar la participación del equipo.

c. Sintetizar resultados y formalizar acuerdos alcanzados.

d. Sustituir la fase de entrevistas.

14.Una de las ventajas de utilizar encuestas como técnica de consenso es:

a. Generar debates interminables.

b. Dar voz a todos los miembros de manera uniforme.

c. Obligar a tomar decisiones inmediatas.

d. Evitar el uso de herramientas digitales.

15.Un obstáculo frecuente en la planificación del trabajo es:

a. Subestimar el tiempo real que requiere una tarea.

b. Establecer objetivos SMART.

c. Usar cronogramas para visualizar dependencias.

d. Contar con la participación del equipo en el plan.

16.¿Qué función NO corresponde directamente a la dirección de un equipo?

a. Orientar y supervisar.

b. Motivar a los miembros.

c. Representar al grupo.

d. Definir productos financieros de la organización.

17.Una ventaja clara de aplicar entrevistas en el consenso es:

a. El bajo coste de tiempo y recursos.

b. Profundizar en motivaciones y preocupaciones individuales.

c. Eliminar la necesidad de encuestas.

d. Garantizar la unanimidad de opiniones.

18. Un beneficio general del consenso es:

   a. Disminuir la creatividad del grupo.

   b. Aumentar el compromiso de los miembros con la decisión final.

   c. Reducir el tiempo de discusión a cero.

   d. Permitir que solo hable el líder.

19. Una de las características de un buen procedimiento en equipo es:

   a. Ambigüedad para que cada persona lo interprete.

   b. Exclusividad para el líder.

   c. Claridad y secuencialidad en los pasos.

   d. Rigidez sin posibilidad de adaptación.

20. ¿Qué condición favorece especialmente la construcción de consensos?

   a. Imponer la decisión más rápida.

   b. Un ambiente de respeto y escucha activa.

   c. Reducir al mínimo la participación de los miembros.

   d. Dejar las decisiones en manos de factores externos.

21. ¿Qué tipo de causa corresponde a un fallo de maquinaria por falta de mantenimiento?

   a. Humana.

   b. Tecnológica.

   c. Estructural.

   d. Externa.

22.¿Cuál es una ventaja de las decisiones colectivas?

a. Mayor rapidez.

b. Mayor diversidad de perspectivas.

c. Menor necesidad de análisis.

d. Eliminan el riesgo de error.

23.¿Qué sesgo cognitivo lleva a buscar solo información que confirme la idea previa?

a. Aversión a la pérdida.

b. Exceso de confianza.

c. Confirmación.

d. Anclaje.

24.¿Qué tipo de estrategia se basa en la experiencia y el "sentido común"?

a. Analítica.

b. Intuitiva.

c. Colectiva.

d. Sistemática.

25.En la fase de implantación, es esencial:

a. Actuar sin planificación para ganar rapidez.

b. Asignar responsables, recursos y plazos claros.

c. Evitar comunicar la decisión para no generar resistencias.

d. Implementar todas las alternativas a la vez.

26.¿Qué herramienta ayuda a visualizar el flujo de un proceso y detectar cuellos de botella?

    a. Diagrama de flujo.

    b. Matriz de Pareto.

    c. Brainstorming inverso.

    d. DAFO.

27.Una buena práctica al validar causas es:

    a. Basarse únicamente en opiniones.

    b. Confirmarlas con evidencias y datos.

    c. Escoger la más fácil de resolver.

    d. Evitar experimentos piloto.

28.¿Qué significa priorizar por criterio GUT?

    a. Gravedad, Urgencia y Tendencia.

    b. Gestión, Utilidad y Tiempo.

    c. Garantía, Unidad y Tarea.

    d. Grado, Uso y Técnica.

29.¿Qué acción forma parte del control de una solución implantada?

    a. Documentar aprendizajes.

    b. Generar nuevas hipótesis.

    c. Volver a definir el problema.

    d. Evitar revisar indicadores.

30.Una solución se considera eficaz cuando:

a. Es rápida y barata, aunque no resuelva la raíz.

b. Satisface únicamente a la dirección.

c. Elimina la causa real, es sostenible y aceptada por el equipo.

d. Solo mejora los síntomas visibles.

31.¿Qué herramienta se utiliza para representar visualmente causas y efectos de un problema?

a. Árbol de objetivos.

b. Diagrama de Ishikawa.

c. Matriz de Pareto.

d. *Benchmarking*.

32.Al plantear distintas líneas de actuación, ¿qué principio resulta clave?

a. Elegir la primera opción disponible.

b. Evitar la creatividad para no perder tiempo.

c. Fomentar la diversidad de opciones y la innovación.

d. Limitarse a soluciones de bajo coste.

33.¿Qué técnica permite generar ideas sin juicios previos durante la fase de alternativas?

a. Delphi.

b. *Benchmarking*.

c. Lluvia de ideas (*brainstorming*).

d. Árbol de decisiones.

34. ¿Qué criterio NO suele emplearse al evaluar alternativas?

a. Viabilidad técnica.

b. Riesgos asociados.

c. Impacto en los objetivos.

d. Popularidad de la opción entre los competidores.

35. La implantación de una decisión implica principalmente:

a. Elaborar más hipótesis.

b. Convertir la decisión en acciones concretas con responsables y plazos.

c. Esperar a que surjan nuevos problemas.

d. Evaluar alternativas sin actuar.

36. ¿Cuál de los siguientes riesgos es habitual en la fase de implantación?

a. Falta de comunicación de la decisión al equipo.

b. Exceso de indicadores de seguimiento.

c. Establecer responsables claros.

d. Capacitar al personal antes de ejecutar.

37. Controlar la implantación significa:

a. Elaborar nuevos planes sin revisar los actuales.

b. Comparar lo previsto con lo ejecutado y aplicar ajustes si es necesario.

c. Evitar supervisar al equipo para no generar presión.

d. Basarse únicamente en percepciones subjetivas.

38.¿Qué herramienta permite visualizar en tiempo real los indicadores clave?

a. Informe escrito.

b. Tablero de control (*dashboard*).

c. Encuesta de satisfacción.

d. Árbol de problemas.

39.Entre los criterios de evaluación más habituales se encuentra:

a. Eficiencia (relación entre recursos empleados y resultados).

b. Ambigüedad.

c. Ausencia de medición.

d. Repetición automática de procesos.

40.¿Cuál es la finalidad de la retroalimentación de resultados al equipo?

a. Señalar culpables.

b. Compartir aprendizajes, reforzar logros y definir mejoras.

c. Ocultar desviaciones.

d. Limitar la información solo a la dirección.

Solucionario

Módulo 1. Liderazgo

1. c	**6.** c
2. a	**7.** b
3. b	**8.** b
4. a	**9.** a
5. b	**10.** d

Módulo 2. Trabajo en equipo

1. d	**6.** b
2. d	**7.** a
3. b	**8.** c
4. b	**9.** a
5. c	**10.** d

Módulo 3. Solución de problemas

1. c	**6.** c
2. a	**7.** b
3. b	**8.** b
4. c	**9.** c
5. c	**10.** c

Módulo 4. Plan de trabajo

1. c	**6.** b
2. b	**7.** a
3. c	**8.** b
4. b	**9.** d
5. c	**10.** b

Bibliografía

Webgrafía

11 estilos de liderazgo y cómo encontrar el tuyo

https://asana.com/es/resources/leadership-styles

Análisis costo-beneficio: 5 pasos para tomar mejores decisiones en tu negocio

https://asana.com/es/resources/cost-benefit-analysis

Cómo hacer un DAFO

https://edem.eu/como-hacer-un-dafo-guia-ejemplos/

Construcción del consenso: la habilidad silenciosa del liderazgo inteligente

https://guidocattaneo.com/construccion-del-consenso/

Diagrama de Ishikawa: qué es, cómo hacerlo y ejemplos

https://blog.hubspot.es/sales/diagrama-ishikawa

Diagrama SIPOC

https://miro.com/es/diagrama/que-es-diagrama-sipoc/

Dirección y liderazgo

https://greenlightgo.es/direccion-liderazgo-diferencias-similitudes/

Fortalecimiento de la confianza

https://institutodeliderazgo.com/blog/desarrollo/ventana-johari-conexion-liderazgo/

Matriz de impacto y esfuerzo

https://designthinking.es/matriz-de-impacto-y-esfuerzo/?srsltid=AfmBOorJjvso5_KQDTY3NotCmym19eipskJ7ULBkVm5v16O1Qn2alXG8

Bibliografía

Matriz Raci: qué es, cómo crearla con ejemplos y alternativas online
https://asana.com/es/resources/raci-chart

¿Qué es el análisis de raíz?
https://www.tableau.com/es-es/learn/articles/root-cause-analysis

¿Qué es el liderazgo organizacional y cuáles son sus objetivos?
https://es.snhu.edu/blog/que-es-el-liderazgo-organizacional

¿Qué es la metodología Kanban y cómo funciona?
https://asana.com/es/resources/what-is-kanban

Qué es el principio de Pareto o la regla 80/20
https://asana.com/es/resources/pareto-principle-80-20-rule

Teorías de liderazgo
https://reddinconsultants.com/blog/teorias-de-liderazgo/